Ce volume est composé de [illegible]

Texte n°1 Examen critique [illegible]

Texte n°2 [illegible]

Par erreur, des [illegible] placées [illegible].

Le Texte n°1 [illegible]

suivante :

Tome [illegible] p. [illegible]

Tome [illegible] p. [illegible]

[illegible]

Tome [illegible] p. [illegible]

Tome I p. [illegible]

Tome [illegible] p. [illegible]

Le texte n°2 [illegible]

[illegible]

Tome II p. [illegible]

Tome I p. [illegible]

Tome II p. [illegible]

Tome II p. [illegible]

Tome II p. 77 – 54

Tome I p. 75 – 124

CRITIQUE DES OUVRAGES DE BAYLE.

EXAMEN
CRITIQUE
DES OUVRAGES
DE
BAYLE.

A PARIS, *Rue St Jacques,*
Chez HUART & MOREAU fils, Libraires Imprimeurs de Monseigneur le DAUPHIN, à la Justice & au Grand St Basile.

M. DCC. XLVII.
Avec Approbation & Permission.

ENTRETIENS D'UN DOCTEUR, AVEC UN BIBLIOTHECAIRE, Au ſujet des Ouvrages DE Mr. BAYLE.

PREMIER ENTRETIEN.

Le Docteur. QUe faites-vous-là ? Vous tirez ce rideau bien bruſquement.

Le Bibliothécaire. Eh ! bon jour, Monſieur. Il y a long-tems qu'on ne vous a vu. Comment vous portez-vous ?

Le Docteur. Fort bien. Mais ce n'eſt pas de quoi il s'agit. D'où vient votre empreſſement à fermer cette Tablette ?

Le Biblioth. C'eſt une idée ſubite, dont je ne ſçaurois vous rendre raiſon.

Le Docteur. Cette réponſe équivoque pique davantage ma curioſité. Il y a là ſans doute de la contrebande, que vous n'aimez pas à laiſſer voir.

Le Biblioth. De la contrebande ici, Monsieur ? Il y a si long-tems que j'ai l'honneur de vous être connu. Vous ai-je jamais paru homme à insérer indifféremment le bon & le mauvais dans la Bibliothéque dont j'ai soin ?

Le Docteur. Il est vrai ; je vous ai toujours connu fort exact sur ce point. Mais encore ; vous m'avez paru embarrassé au moment de mon arrivée. Vous avez tiré bien vîte ce rideau. Il faut qu'il y ait là un Livre, que vous craignez que je ne voie. De grace, expliquez-vous sans biaiser ; ou je serai tenté de faire certaines démarches pour découvrir le mystere.

Le Biblioth. Ne vous en donnez pas la peine. Je vais vous dire ingénuement ce que c'est. J'ai fait tout récemment un troc assez considérable. Un homme que j'honore infiniment, a voulu avoir un Ouvrage nouveau, & m'a fait prendre en échange un Livre, dont vous-même m'avez dit beaucoup de bien, & encore plus de mal.

Le Docteur. Je vous entens : C'est Bayle. Quoi ? Vous mêlez cet Ouvrage avec tant de bons Livres ? C'est un monstre enfanté par l'irréligion même.

Le Biblioth. Voilà de gros mots, Monsieur. Vous ne parliez pas de la sorte il y a deux mois. Vous me disiez que Bayle étoit un Auteur d'une érudition profonde, d'une critique très fine, d'une délicatesse exquise & capable de contenter les goûts les plus difficiles.

Le Docteur. Ne vous ai-je dit que cela? N'ai-je pas ajouté que c'étoit un Auteur dangereux pour des Philosophes outrés, ou des Théologiens médiocres? Ne vous ai-je pas dit qu'il favorise le Pyrrhonisme en fait de Religion; qu'il y conduit insensiblement & avec une adresse d'autant plus pernicieuse, qu'elle est mieux enveloppée: enfin qu'être Déïste ou Athée, & être Disciple de Bayle, c'est à peu près la même chose?

Le Biblioth. Je sçais bien que vous l'avez assez décrié en général; & qu'en louant ce qu'il a d'estimable, vous en faisiez du reste une censure fort sévere. Mais je ne me souviens pas que vous m'en ayez jamais donné une idée si affreuse.

Le Docteur. Souvenez-vous, je vous prie, d'un échantillon de son Eloge, que je vous montrai autrefois dans la Préface d'un Livre intitulé, *Traité des Abus de la Critique en matiere de Religion.*

Le Biblioth. Je crois en avoir un exemplaire. Le voilà justement.

Le Docteur. Ecoutez ceci avec toute l'attention dont vous êtes capable. Ce judicieux Censeur des excès insupportables de la Critique, après s'être plaint amérement qu'elle a *une pleine licence de s'exercer sur les sujets les plus respectables, comme sur les plus minces, & de s'élever contre Dieu même & ses Saints*, ajoute ce qui suit: „ Témoin „ entre mille Ouvrages de ce caractere le „ Dictionnaire critique de M. Bayle, qui est „ un amas d'erreurs capitales, qu'on y a en- „ tassées, sous prétexe d'en corriger d'assez „ indifférentes en fait d'Histoire & de Lit- „ térature. Ouvrage à la Mosaïque, qui, „ dans son bizarre assortiment de citations „ & de réflexions sérieuses & comiques, „ fournit de quoi former le plus monstrueux „ assemblage d'obscénités, d'héréfies & d'A- „ théïsme. Ouvrage, qui pis est, trop pro- „ pre à insinuer ces poisons avec tout l'a- „ grément, que peuvent répandre la délica- „ tesse de l'esprit, la légéreté de la plu- „ me, & la variété de l'érudition jointe à la „ finesse de la critique. „ Peut-on en dire davantage en peu de mots? Et peut-on donner d'un Livre une idée plus capable d'en inspirer de l'horreur à quiconque a de la Religion & de la pudeur?

Le Biblioth. Voilà un étrange portrait, je vous l'avoue. Mais je doute qu'il soit fidéle. Car si tout cela étoit exactement vrai, pourroit-il se faire qu'on eût pour cet Ouvrage une estime si générale?

Le Docteur. Que vous connoissez peu le goût de ce malheureux siécle, vous qui sçavez quels ſont les Livres qu'on recherche avec plus d'empreſſement, & quels ſont ceux qui ne ſortent jamais des Boutiques ! Dès qu'un Livre eſt parſemé de traits enjoués, de ſaillies ingénieuſes, de ſatyres bien aſſaiſonnées, & qu'il s'y trouve en même tems un tour d'expreſſion qui ne cede en rien à l'élégance & à la pureté des meilleurs Ecrivains; voilà ce qui flate & qui enchante la plupart des curieux de nos jours. Que toutes ces beautés ſoient nuancées par mille traits obſcènes & dignes du Pont-Neuf: Qu'on y voie entremêlées les plus noires médiſances, & les calomnies les plus atroces contre ce qu'il y a de plus reſpectable: Qu'on y trouve à chaque page des erreurs foudroyées par l'Egliſe, des difficultés malignement exagérées ſur les principaux articles de la Religion, les blaſphêmes mêmes les plus marqués; c'eſt de quoi ne s'effrayent gueres les gens qui cherchent moins à s'édifier, qu'à ſe divertir. Dailleurs, vous le ſçavez, tout le monde ſe pique de ſçavoir parler de Religion, & de le faire même avec je ne ſçais quelle ſuffiſance. Pour cela, il faut avoir quelque teinture des ſciences. L'aller puiſer dans d'énormes Volumes de Théologie & de Controverſe, il en coûteroit trop. Ces Ouvrages de longue haleine, ces Diſſertations & ces diſputes ſi approfondies rebutent des eſprits naturellement ennemis de la contrainte & de l'ennui, que cauſe une application de durée. Mais dans un Dictionnaire tel que celui de Bayle, l'on trouve le précis d'une infinité d'articles qui regardent la Religion. On y voit d'un coup d'œil le pour & le contre. Pluſieurs queſtions importantes y ſont décidées bien ou mal. Sur-tout, les objections les plus ſpécieuſes y ſont maniées avec tout l'art imaginable. On s'attache à cette lecture ; & bien-tôt, devenu demi-ſçavant à peu de frais, on ſe croit en état de raiſonner ſur tout, & d'embarraſſer même les plus habiles Docteurs, qui ne ſont pas toujours prêts à tout réfuter ſur le champ. C'eſt ſans doute pour cela que Bayle lui-même inſinue quelque part, *qu'un homme à Dictionnaire eſt ſouvent redoutable dans la converſation.* Sans m'arrêter à bien d'autres raiſons, qui ſautent aux yeux, celle-la ſuffit, ce ſemble, pour fonder cette eſtime générale que vous faites ſonner ſi haut, & que je n'ai nulle envie de vous conteſter.

Le Biblioth. Je conviens aſſez de cette raiſon ; mais encore un coup, j'en reviens à mon premier point. Il n'eſt pas vraiſemblable que les Ouvrages de Bayle ſoient auſſi pernicieux que le dit l'Auteur du Livre que nous venons de lire. Autrement ſe pourroit-il faire que nul de ſes Lecteurs ne ſe fût récrié, ne les eût dénoncés aux Evêques, & n'eût tâché de les faire proscrire ?

Le Docteur. Quoi ! personne ne s'est récrié ? Tous les vrais Catholiques ont jetté les hauts cris, dès que ce dangereux Livre a paru. Bayle lui-même a triomphé & s'est glorifié de ces allarmes. Le seul Auteur du Traité de *l'Abus de la Critique* suffiroit pour montrer qu'en vain vous me faites cette objection. Mais j'ai bien d'autres choses à vous dire. Quand la Critique générale que Bayle a faite de l'Histoire du Calvinisme a paru, le Lieutenant Général de Police ne l'a-t'il pas défendue sous peine de la vie ? Sévérité bien rare contre les mauvais Livres ! Si vous en doutez, lisez la vie de M. Bayle par M. des Maizeaux ; vous y trouverez cette Ordonnance peu usitée, dont les Calvinistes ont le front de se faire un trophée. Ce n'est pas tout. Les Protestans eux-mêmes ne lui ont-ils pas fait un Procès dans les formes ? Ne l'ont-ils pas accusé d'Athéïsme au Consistoire de Rotterdam ? Il s'est défendu, il est vrai, avec un artifice très-imposant, & avec un air de supériorité, qui devoit déconcerter un accusateur aussi peu mesuré, que l'étoit le fanatique Jurieu. Mais quelque mous que fussent ses Juges, n'ont-ils pas exigé de lui qu'il changeât ses articles de Pyrrhon, des Manichéens, des Pauliciens, &c. ; qu'il réformât entiérement ce qu'il avoit écrit de David ; qu'il dît nettement qu'il le regardoit comme un Auteur inſpiré, &c. ? Enfin ne lui firent-ils pas une réprimande ſur les obſcénités, dont il paroît affecter d'embellir ſes Ouvrages ! Liſez là-deſſus ſa vie par M. des Maizeaux, ſa Cabale chimérique, ſes penſées ſur les Cometes, la plupart de ſes Lettres, & ſes ennuyeuſes Diſſertations contre Meſſieurs Jurieu, le Clerc, Jaquelot, Bernard, &c.

Vous me parlez d'une défenſe, que devroient porter les Evêques, ſi les Ouvrages de Bayle, qu'on répand par tout, étoient ſi évidemment mauvais. Hé, à quoi aboutiroit une pareille défenſe ? Elle ne ſerviroit peut-être qu'à piquer davantage la curioſité de certains lecteurs, & à leur faire croire qu'on ne proſcrit ce Livre, que parce qu'on n'eſt point en état de le réfuter ſolidement ? N'eſt-ce pas là ce que Bayle lui-même inſinue adroitement, lorſqu'il dit (*a*) *Ils ſont quelquefois bien-aiſes* (certains Ecrivains) *que leurs Ouvrages paroiſſent dans l'Index, ou fâchent les Inquiſiteurs. C'eſt bien ſouvent une preuve qu'un livre eſt bon.* Voilà ce que diroient ſans doute pluſieurs petits-Maîtres déterminés, comme Bayle, à fronder les plus juſtes cenſures.

Au reſte, ne doit-il pas ſuffire à un vrai fidéle que l'Egliſe ait défendu en général les

(a) *Art. Raynaud.*

Livres des Héréſiarques & des Hérétiques, qui traitent de la Religion ? Ne doit-il pas lui ſuffire que la Loi naturelle lui interdiſe toute lecture capable d'altérer la Foi, & d'éloigner du droit chemin de la piété ? Tels ſont les ouvrages de Bayle, comme il me ſera aiſé de vous le démontrer.

Le Biblioth. Que dites-vous là ? Bayle étoit-il donc Hérétique ? Ses admirateurs, qui m'en parlent ſouvent, me le repréſentent préciſément comme un Philoſophe très-ſubtil, & un Critique infiniment éclairé. Selon eux, il n'a d'autre but que de faire triompher la vérité, en relevant les bévues d'une infinité d'Auteurs.

Le Docteur. Ceux qui vous parlent de la ſorte, ou ignorent ce qu'étoit Bayle, ou confondent certaines vérités hiſtoriques avec les vérités de la Religion. Peut-être auſſi ſont-ils dans la penſée que Bayle n'étoit pas plus Calviniſte que Chrétien. Oui, Bayle étoit Calviniſte, ou du moins il faiſoit extérieurement profeſſion de l'être. Il étoit fils d'un Miniſtre du Carlat près de Toulouze. C'eſt dans cette derniere Ville qu'il abjura le Calviniſme. Il parut perſévérer dans la Religion Romaine 15 à 18 mois. Mais enfin, mieux inſtruit par ſon frere & par un ami, que par l'Eccléſiaſtique avec qui il demeuroit, il ſentit qu'on ne l'avoit ébranlé que par des ſophiſmes, comme il le dit :

& à ſon propre Tribunal il jugea en dernier reſſort, que le Calviniſme étoit mieux fondé en motifs de crédibilité que la Religion de ſes Peres. De-là il alla à Genêve; puis à Roüen, à Paris, à Sédan, & enfin à Rotterdam, où il ſe fixa, où il fut caſſé aux gages, & où il mourut en 1706. Voilà l'abrégé des avantures de cet homme, dont les Ouvrages font tant de bruit, & qui, je ne ſçais par quelle fatalité, s'eſt acquis une réputation capable de pervertir bien des lecteurs.

Le Biblioth. Vous m'apprenez là bien des choſes que j'ignorois, & dont je ſçaurai faire uſage dans l'occaſion. Mais de grace, montrez-moi que ſon Critique n'a point exagéré, & qu'il a dépeint Bayle avec ſes véritables couleurs. S'il n'a point outré les choſes, je vous proteſte que je n'expoſerai plus aux yeux des lecteurs un pareil Ouvrage, & que je ſerai volontiers la dupe de mon troc.

Le Docteur. Rien n'eſt ſi aiſé que de vous ſatisfaire là-deſſus. L'Auteur des *Abus de la Critique* avance, que dans les écrits de Bayle on trouve *de quoi former le plus monſtrueux aſſemblage d'obſcénités, d'Héréſies & d'Athéïſme.* Je me fais fort de vous en convaincre. Commençons par les obſcénités. Mais que dis-je? Je rougis, je frémis quand j'y penſe. Je ne ſçaurois me réſoudre à vous les retracer. Je n'oserois même vous indiquer les articles, où ce téméraire Censeur des Casuistes de la Religion Romaine ramasse, sans nécessité & sans raison, les plus affreuses saletés. Tout ce que je puis vous dire en général, & je ne crains pas d'être démenti par les aveugles adorateurs de Bayle ; c'est qu'il n'y a rien d'infâme dans Brantôme & Montagne, ses Héros ; rien d'impur dans Perse, Catulle, Martial, Horace, Juvenal, &c. ; rien d'obscène dans les Médecins, les Physiciens, les Romans & les Avocats ; rien enfin de ce qu'une imagination libertine peut se représenter de sale, que ce lubrique Auteur n'ait rassemblé comme de gaieté de cœur dans ses Ouvrages. On diroit qu'il a voulu que ses Livres fussent comme le répertoire de toutes les ordures (pour ne rien dire de pis), dont les libertins d'une certaine trempe assaisonnent leurs conversations. Ah ! si l'on jugeoit de lui, comme il a paru vouloir juger des Casuistes, ne seroit-on pas fondé à croire, qu'il a été le plus impudique des hommes ? Et l'on exposera indifféremment un tel Ouvrage aux yeux de tout le monde ? Mais tirons le rideau sur tant d'infamies. J'entrerai dans un plus grand détail sur le reste, à notre premiere entrevue.

II. ENTRETIEN.

Le Biblioth. QUe vous venez à propos, Monſieur ! Il y a deux jours que je me trouve aſſailli de toutes parts. On veut abſolument lire Bayle ; & l'on m'a relancé ſur le refus que j'ai fait de le montrer.

Le Docteur. Vous êtes un nouveau converti. Il n'eſt pas étonnant que des gens aguerris vous ayent embarraſſé. Mais encore, que vous a-t'on dit de fort & de plauſible pour vous réduire ?

Le Biblioth. A peine étiez-vous ſorti d'ici, certains que curieux, qui vous avoient épié, y entrerent. Ils voulurent ſçavoir ſur quoi notre converſation avoit roulé. J'avois aſſez bien retenu ma leçon ; & je leur dis bonnement ce que vous aviez eu la charité de me dire contre Bayle. Le bon homme, s'écrierent-ils ! Il a lu apparemment les invectives inſenſées de Jurieu, ou le ridicule jugement de l'Abbé Renaudot. S'en rapportant à la bonne foi & à la pénétration de ces accuſateurs, il aura cru Bayle tel qu'ils l'ont dépeint. Mais qu'il s'en faut que ce portrait ſoit reſſemblant ! Je les écoutai ſans les interrompre. Ils ajouterent d'un ton aſſuré, qu'il n'y avoit que des hommes prévenus, que de faux zélés, que des ignorans, qui osassent parler si indignement de cet illustre Auteur ; & qu'il falloit renoncer au bon sens, pour ne faire pas un cas infini de ses Ouvrages.

Le Docteur. Et vous demeurâtes muet ?

Le Biblioth. Cet air de confiance m'ébranla : & je craignis de m'avancer trop.

Le Docteur. Ne vous avois-je pas dit qu'aucun disciple de Bayle n'oseroit s'inscrire en faux sur l'article des obscénités. Vous deviez tenir là ces fiers Apologistes. Ils auroient sûrement baissé le ton.

Le Biblioth. Je ne manquai pas d'appuyer là-dessus : mais ils me payerent de railleries, & me tournerent en ridicule. Ignorez-vous, ajouterent-ils, que Bayle n'est qu'un Compilateur ; & *qu'un Commentateur, qui cite des impuretés, est mille fois plus excusable qu'un Poëte, qui en compose* ? D'ailleurs, les Tribunaux Ecclésiastiques ont-ils jamais procédé contre les Traducteurs des Nouvelles de Boccace, contre d'Ouville, contre la Fontaine ? & qui oseroit dire que Bayle ait jamais approché de la licence de ces gens-là ? Enfin, quand il copie ce qui se trouve dans des Livres historiques connus de toute la terre, il y joint presque toujours une marque de condamnation. Si tout cela ne contente pas des Juges trop scrupuleux, n'a-t'il pas promis de corriger dans une seconde Edition tout ce que des Lecteurs judicieux marqueroient d'expreſſions & de manieres trop libres ? Je vous le demande, Monſieur : qu'euſſe-je pu répliquer à ces raiſons ?

Le Docteur. On vous a donné le change, & vous l'avez pris. C'eſt Bayle lui-même qui parle par la bouche de ces défenſeurs. Conſultez ſa Juſtification prétendue, intitulée, *Réflexions*, qui eſt au Tome IV de ſes Œuvres diverſes, entre la CXCIX & la CC Lettre, pag. 750, n. 33 & 34. Vous y trouverez preſque mot pour mot toutes ces mauvaiſes raiſons & ces faux-fuyans, qui vous ont paru plauſibles. C'eſt à juſte titre que je les appelle *faux-fuyans :* car enfin, s'agit-il ici de la perſonne de Bayle, & de ſes intentions, ou innocentes ou criminelles ? Il n'eſt queſtion que de ſes ouvrages, que je prétens être très-lubriques & très-dangereux pour les mœurs. La plaiſante excuſe ! *Un Commentateur, qui cite des impuretés, eſt mille fois plus excuſable qu'un Poëte, qui en compoſe !* Eh quoi ? des impuretés citées par un Commentateur malin, ſont-elles moins dangereuſes, que des impuretés compoſées de gaieté de cœur par un Poëte diſſolu ? Ne ſentez-vous pas que c'eſt là nous jetter à l'écart, & nous faire perdre le vrai point de vue ?

Le Biblioth. J'ai honte de n'avoir pas

d'abord ſenti ce vain ſubterfuge.

Le Docteur. Vous l'allez appercevoir d'une maniere bien plus ſenſible. Imaginez-vous que vous entrez dans le cabinet d'un Peintre. Vous y appercevez des Tableaux capables de bleſſer des yeux chaſtes. Vous lui direz ſans doute : Voilà, Monſieur, des Peintures que vous devriez cacher, ou plutôt que vous devriez jetter au feu. Auroit-il bonne grace, ce Peintre, de vous dire, que ce ne ſont que des copies ? Cette raiſon frivole pourroit-elle juſtifier dans votre eſprit l'étalage ou la vente de ces Ouvrages abominables ? Vous ne manqueriez pas de lui dire qu'un Tableau obſcène, pour être copie, n'eſt pas moins dangereux qu'un Tableau original.

Appliquons à notre ſujet cette comparaiſon familiere. Je veux bien ſuppoſer que Bayle n'a été que le Copiſte & le Commentateur des ſaletés, dont ſes Ouvrages fourmillent, & qu'il n'a point écrit de l'abondance du cœur. C'eſt une grace, qu'il ne mérite pas ; (car enfin, il me ſeroit aiſé de démontrer qu'il y a bien mêlé du ſien, & qu'il paroît avoir affecté de choiſir des noms, ou des traits d'Hiſtoire, qui lui donnaſſent occaſion de faire voir qu'il en ſçavoit autant ou plus que ſes Maîtres.) Mais encore je veux lui paſſer cette eſpéce d'excuſe. S'enſuit-il de-là que ſes Ouvrages ſoient moins nuiſibles à l'innocence & à la pudeur? Quoi? Je raconterai de ſens froid, & avec tout le ſel dont ces ſortes d'ordures peuvent être aſſaiſonnées, toutes les affreuſes Hiſtoriettes de la chronique ſcandaleuſe? Ceſſeront-elles d'être pernicieuſes à mes Auditeurs, dès-là que j'aurai averti que je n'en ſuis pas l'inventeur? Quoi? Bayle aura rempli ſes Œuvres de mille impuretés, capables de ſalir l'imagination; & il ne s'y trouvera plus de poiſon, parce que ce ſont des copies? C'eſt ici que je pourrois dire, qu'il *faudroit renoncer au bon ſens*, pour adopter un raiſonnement ſi pitoyable.

Le Biblioth. Ce raiſonnement ne m'eſt pas venu à l'eſprit.

Le Docteur. Il s'offre pourtant tout naturellement. Mais ne vous en rapportez pas à mes réflexions. Je veux que ce ſoit Bayle qui porte ſentence contre lui-même.

Le Biblioth. Quoi? Bayle ſe ſeroit condamné, & auroit lui-même réfuté ces beaux lieux communs, qui paroiſſent d'abord ſi favorables à ſa cauſe?

Le Docteur. Oui, cet Auteur que tant de gens regardent comme infaillible, & que certaines Dames vantent comme un Oracle (je doute qu'elles veuillent lui prodiguer ce titre à tous égards); Bayle, dis-je, peut-être ſans y penſer, a condamné ce que je prétens ici condamner. Voyons ſes Nouvelles

nation, de la Mort de l'Homme-Dieu pour réparer l'injure faite à Dieu par le péché, de la communication du premier péché à tous les descendans d'Adam, &c.

L'Abbé. Nous pourrons revenir plus tard à cette distinction, qui me paroît assez importante. Maintenant, s'il vous plaît, examinons quelles connoissances Dieu a données à l'homme créé dans l'état de la justice originelle, & de la grace sanctifiante : connoissances que nous appellerons naturelles dans ce sens, qu'il étoit naturel que Dieu les communiquât à Adam, élevé gratuitement à l'état heureux dans lequel il a été créé.

Le Docteur. Laissons à part les connoissances qui n'ont pour objet que la vie animale, la conservation, la propagation, les Arts méchaniques nécessaires pour se mettre à l'abri de l'indigence, &c. Ces connoissances devoient êtres communes aux trois états; & même elles sont devenues plus nécessaires dans l'état du péché, parce que la terre ne produisant plus d'elle-même les alimens convenables, l'homme prévaricateur a été condamné à la cultiver par un travail pénible & assidu, pour en arracher sa subsistence. Ne parlons donc que des connoissances qui convenoient à l'homme comme raisonnable, comme adorateur du vrai Dieu, & comme héritier futur de sa gloire. Elles devoient consister dans une lumiere vive, qui lui fît connoître clairement les perfections infinies du Créateur, sa Souveraineté, sa Providence, l'obligation essentielle de faire hommage à son domaine éternel, de respecter ses Loix, d'obéïr à toutes ses volontés, &c. Lumiere qui lui découvrît d'où il venoit, quelle étoit sa fin, quel sentier il devoit suivre pour y arriver sûrement : Lumiere qui, lui montrant la différence qu'il y a entre le vice & la vertu, lui inspirât de l'amour pour celle-ci, & de l'horreur pour celui-là : Lumiere qui lui manifestât que tous les autres Etres sensibles étoient créés pour son utilité, comme lui-même l'étoit pour la gloire de son Créateur. Mais pour en faire l'usage qu'on lui permettoit, il falloit qu'il eût une idée bien distincte de tous ces Etres : aussi Dieu la lui donna-t'il cette idée. Sans cela, comment Adam auroit-il pu donner à chaque animal le nom qui lui convenoit? nom que Moïse assure avoir été de son temps le même qu'il avoit été dès le commencement : nom enfin qui marquoit sans doute dans son énergie les propriétés principales de chaque bête, de chaque oiseau, &c.

L'Abbé. Ce détail m'est infiniment agréable.

Le Docteur. Ce n'est pas tout. Comme Adam étoit destiné à être le Pere, le Chef & le précepteur du genre humain, il convenoit que Dieu lui imprimât tous les principes généraux des ſciences aſſorties à l'état de tous les hommes: principes dont il pouvoit aiſément tirer toutes les conſéquences, par la force & la ſagacité de ſon eſprit ou de ſon intelligence auſſi juſte que pénétrante. Et tous ces principes ſoit de ſpéculation ſoit de pratique, il les lui a imprimés, mais d'une maniere ſi diſtincte, c'eſt-à-dire, avec un langage intérieur ſi clair, qu'il lui étoit aiſé de les manifeſter au dehors par des ſons articulés qui formerent ſon langage extérieur, & qui répondoient exactement à ces idées claires & préciſes que ſon eſprit avoit des objets ſenſibles, des vérités abſtraites, & de tous les principes généraux.

L'Abbé. C'eſt donc cet aſſemblage d'idées, de principes, de vérités gravées dans l'eſprit d'Adam, que vous appellez la Raiſon parfaite qui lui a été communiquée.

Le Docteur. Oui; & c'eſt là ſans doute ce qu'entendent les Philoſophes qui ſoutiennent qu'Adam a eu *la Philoſophie infuſe*. Ce terme même *d'infuſe* marque aſſez qu'il l'a reçue du dehors, & qu'elle ne lui étoit point eſſentielle; Car on ne s'aviſera jamais de dire que la faculté, la puiſſance de raiſonner, qu'a tout Etre penſant, ſoit une qualité *infuſe*. Et comme il eſt impoſſible que le Créateur ait inſpiré à ſa créature des lumieres trompeuſes, des connoiſſances fautives, des idées & des principes faux, il s'enſuit que la Raiſon du premier homme, telle que nous venons de la dépeindre, étoit une Raiſon ſaine, pure, droite & incapable par elle-même de lui préſenter le faux pour le vrai.

L'Abbé. Cette vérité me paroît inconteſtable ; & en même temps je ne puis aſſez admirer la juſteſſe des divines Ecritures, qui nous marquent que l'homme (*a*) a été *créé à l'image de Dieu*, & que Dieu (*b*) a *créé l'homme droit*, c'eſt-à-dire, avec l'eſprit & le cœur droit. Ces expreſſions ne ſont-elles pas bien dignes de la Raiſon ſouveraine & originale ?

Le Docteur. Et cette rectitude de l'eſprit conſiſtoit dans la conformité de ſes idées avec celles du Créateur ; car, vous le ſçavez, Monſieur, rien ne peut être droit qu'autant qu'il eſt conforme à ſa régle. Or la régle & le modéle de la Raiſon du premier homme, c'eſt la Raiſon par excellence, c'eſt-à-dire, l'intelligence, la ſageſſe & la Raiſon de Dieu même ; & par conſéquent, la Raiſon du premier homme n'a été droite que parce qu'elle étoit conforme à la Raiſon originale & par eſſence.

L'Abbé. Il s'enſuit encore, ſi je ne me trompe, que la Raiſon du premier homme eſt la régle ſecondaire, mais juſte & ſûre, de la Raiſon particuliere de tous les hommes. Je

(a) *Geneſ. c.* 1.
(b) *Eccleſ. c.* 7.

ne puis donc être sûr de la justesse de ma Raison particuliere, qu'autant que je suis sûr qu'elle est conforme à la Raison parfaite d'Adam.

Le Docteur. Ces conséquences sont évidentes ; & nous pouvons ajouter que la Raison du premier homme étoit comme une seconde Raison universelle substituée, par rapport à nous, à la place de la premiere ; & que tous les descendans d'Adam doivent conformer leur Raison particuliere à la sienne, laquelle leur tient lieu d'un second original.

L'Abbé. Une difficulté m'arrête ici. Adam a péché ; en conséquence de son péché, il a été dépouillé de tous ses priviléges : & ce n'est qu'après sa prévarication qu'il a eu des enfans.

Le Docteur. Je suis charmé que vous m'ameniez ainsi au troisiéme état, qui est celui de la nature dépravée par la révolte du premier homme.

J'avoue qu'Adam, en violant la loi de son Dieu, a perdu pour lui & pour toute sa postérité les plus précieux de ses priviléges. Il a perdu la justice originelle, la grace sanctifiante, l'immortalité, l'empire absolu sur ses passions, le droit actuel à l'héritage céleste, &c. : mais ce droit même, il ne l'a pas perdu sans ressource ; puisqu'il pouvoit le recouvrer par la pénitence, dont le mérite tiroit toute son efficace des mérites futurs du Médiateur, du Messie, qui lui a été révélé & promis immédiatement après sa honteuse chûte. Il n'a point été absolument dégradé de cet état d'élévation, où il avoit été créé : de sorte qu'Adam & tous ses descendans ont toujours été destinés à posséder Dieu dans le Ciel, pourvu qu'ils se servissent des moyens qui leur ont été suggérés : le premier étoit la foi au Médiateur. Par conséquent, Dieu n'a pas dû lui ôter les connoissances dont il l'avoit orné, puisqu'elles lui devenoient même plus nécessaires dans ce malheureux état, où la révolte des passions pouvoit obscurcir cette lumiere, qui devoit lui servir de guide. D'où vous conclurez avec moi que la Raison d'Adam, quant aux vérités & aux principes que Dieu lui avoit imprimés, a dû être la même après, qu'avant son péché. J'en excepte les révélations expresses que son Dieu lui a faites, & dont, ce semble, il n'auroit pas eu besoin, s'il n'avoit péché.

L'Abbé. Mais les Peres ne disent-ils pas qu'Adam a été privé des dons surnaturels, & blessé dans les dons naturels ? Sa Raison a donc été blessée ou obscurcie.

Le Docteur. Blessée ou obscurcie, tant qu'il vous plaira. Pour cela a-t'elle été éteinte ? Etre blessé à la main, est-ce perdre la main ? Ce que disent les Peres, signifie précisement que la liberté d'Adam n'a plus été si parfaite ; qu'il a dû faire plus d'efforts pour se servir de sa Raison, à cause des nuages dont la couvroient les passions révoltées ; & qu'il lui a été plus facile de se tromper en appliquant les principes aux conclusions éloignées, parce qu'il ne jouissoit plus de cet heureux calme, qui auparavant laissoit un libre essor à son esprit. Mais il étoit de la sagesse de Dieu de lui laisser ses connoissances primitives. Il en avoit besoin pour se conduire d'une maniere digne de cette haute destination, dont il n'étoit point absolument déchu, & où lui & ses descendans pouvoient encore aspirer par les mérites du Médiateur.

L'Abbé. Ainsi les conoissances du premier homme, lesquelles nous pouvons appeller naturelles dans le sens expliqué, ont été les mêmes & dans l'état d'innocence & dans l'état du péché.

Le Docteur. Je n'en puis douter. Et nous pouvons ajouter que ces lumieres & ces connoissances primitives ont été fidélement transmises & conservées avec soin de pere en fils par ceux que l'Ecriture appelle *les enfans de Dieu* ; & que Dieu lui-même a souvent pris soin d'en rappeller le souvenir & de les inculquer de nouveau, lorsqu'il étoit à craindre que les maximes fausses & impies des *enfans des hommes* ne vinssent à obscurcir cette brillante lumiere.

L'Abbé. Mais comment ces connoissances ont-elles été transmises de pere en fils ? Est-ce par le moyen de l'instruction ?

Le Docteur. La question est assez plaisante ! Vous sçavez de quelle maniere on nous les transmet. Les premiers enfans d'Adam ont-ils été plus privilégiés que nous ? Mais remettons l'examen de cette question au second Entretien, où nous verrons comment se forme, se développe, se perfectionne la Raison particuliere de chaque homme. Aujourd'hui il nous suffit de bien établir que la Raison humaine simplement dite, est celle qui a été accordée au premier homme; que c'est là la Raison primitive & générale, qui doit être la régle invariable de la Raison particuliere de chaque homme ; & que c'est là cette Raison, dont la Bible est comme le code par excellence, si je puis m'exprimer ainsi. Vous vous souvenez sans doute que je donne ici le nom de Raison à l'assemblage total des idées, des connoissances, des vérités, des principes qui éclairent l'esprit humain. Or Moyse & les autres Ecrivains sacrés sous la direction de Dieu même, ont dans l'Ancien Testament retracé distinctement toutes ces vérités & tous ces principes de la Raison primitive. On n'a qu'à ouvrir ces Livres & si anciens & si respectables ; & l'on y appercevra toutes les

C'eſt à vos Panégyriſtes de Bayle de voir s'ils liſent leur Maître avec ces diſpoſitions d'eſprit & de cœur. Mais c'eſt trop inſiſter, même en général, ſur des abominations, qu'il eſt défendu aux Chrétiens de nommer. Je crois en avoir dit aſſez pour juſtifier pleinement ſur ce point le texte du Traité de l'*Abus de la Critique*. N'en convenez-vous pas vous-même ? & pouvez-vous deſirer quelque choſe de plus ?

Le Biblioth. Oui, j'en conviens : & je ne crains plus là-deſſus les foibles chicanes qui m'avoient d'abord ébloui. Mais je doute que vous veniez à bout de juſtifier le reſte avec autant de clarté & de force.

Le Docteur. Non-ſeulement je prétens démontrer invinciblement les deux autres points que j'ai indiqués en citant le Cenſeur de Bayle : mais je veux détruire deux préjugés qui influent malheureuſement ſur la plupart des jugemens que l'on forme ſur mille points importans, après qu'on les a lus dans Bayle. Par je ne ſçais quel aveuglement, on le prône pour l'Auteur le plus exact, pour le Critique le plus fin, pour l'Hiſtorien le plus fidéle & le moins partial. Sur tout on lui prête une Logique exquiſe, qui ne donne jamais dans le ſophiſme, & qui ſçait toujours tirer la vérité du fond du puits. Or c'eſt ſur cela que je crois qu'il eſt de la derniere importance de déſabuſer bien des Lecteurs, qui comptent trop, & sur la bonne foi, & sur la pénétration de ce Compilateur. Si je réussis, comme je l'espere, il ne manquera rien à son portrait. Nous trouverons alors réunis dans le même homme cinq défauts essentiels & infiniment capables de rendre un Auteur odieux ; obscénités grossieres, erreurs capitales, principes d'athéïsme, mauvaise foi, & faux raisonnemens.

Le Biblioth. Oui certes ; un pareil portrait décréditeroit entiérement Bayle, si vous pouviez prouver qu'il fût ressemblant. Mais le prouverez-vous ? & seroit-il possible que tant de personnes éclairées n'eussent point apperçu des défauts si énormes ?

Le Docteur. Si je ne le prouve pas, je m'engage dès à présent à porter M. Bayle encore plus haut que ses partisans ne l'ont porté, & à le prendre pour mon Oracle. Nous examinerons tous ces points en détail dans d'autres conversations. Il est tems que je vous laisse : je vous reverrai bien-tôt.

Le Biblioth. Je vous attendrai avec la plus vive impatience.

III. ENTRETIEN.

Le Docteur. JE vous tiens parole : mais peu s'en est fallu que je n'y manquasse. On vouloit ce matin m'entraîner à la campagne. Plusieurs personnes distinguées, & qui se piquent de littérature, s'y trouveront; & on me promettoit que la conversation rouleroit principalement sur Bayle. Ce qui m'a empêché de me rendre à cette invitation, c'est qu'on m'a dit que le Chevalier D*** y seroit. C'est un criailleur, qui ne cesse de blasphémer ce qu'il ignore, & à qui personne ne sçauroit imposer silence.

Le Biblioth. Vous avez réussi, Monsieur: On vous tendoit un piége. J'ai appris de source que c'est une partie liée, où on vouloit avoir l'Anti-Bayle; car c'est ainsi que ces Messieurs vous appellent depuis quelque tems. Deux ou trois petits Maîtres s'étoient chargés de vous attaquer tous ensemble, sans vous donner le loisir de répliquer; & les Rieurs devoient se mettre de leur côté. Quel personnage eussiez-vous fait dans une pareille cohue?

Le Docteur. Hé! qui vous a révélé ce mystere?

Le Biblioth. Un bel esprit qui est de la Fète, & qui, d'avance, s'en donnoit au cœur joie, vous croyant déja parti, en a fait confidence au Baron D** qui vient de me le redire. Des Dames sçavantes sont aussi de la partie. La belle figure qu'un Docteur eût faite à ce cadeau!

Le Docteur. Laissons-leur le foible plaisir de

me battre entre les bouteilles & les verres. Contentons-nous de les battre ici réellement, en réduisant leur Idole en poudre.

Le Biblioth. Vous y réussirez, si vous remplissez bien votre projet. J'ai reduit à mon tour les protecteurs de Bayle au silence, sur l'article des obscénités. De grace, armez-moi de même sur celui des hérésies.

Le Docteur. Vous n'ignorez pas sans doute que tout Catholique est obligé de croire que les dogmes propres du Luthéranisme, & du Calvinisme sont de véritables Hérésies; que c'est être vraiment Hérétique, que de soutenir opiniâtrément des opinions contraires à ce qu'a défini cette (a) *Eglise, qui a l'étendue, l'antiquité, la succession des Chaires non interrompue depuis les Apôtres, & l'adhérence à la chaire Apostolique de S. Pierre.* Or il m'est aisé de vous démontrer que Bayle avance, soutient & préconise tous ces dogmes, comme des vérités que l'Eglise Romaine a abandonnées, ou n'a jamais reconnues ; & qu'il emploie pour cela toutes les preuves, que pouvoit lui suggérer son esprit. Ouvrons ses Livres, & presqu'à chaque page nous y trouverons ces dogmes soutenus avec une confiance & une hardiesse incompréhensibles. Mais avant que d'entrer dans le détail des erreurs particu-

(a) *Ce sont les termes de Bayle dans une autre occasion, tom. B. pag.* 524.

lieres, remarquez, je vous prie, une erreur capitale, qui est son dogme favori, & qui est moins une héréſie, qu'un pyrrhoniſme en fait de Religion. Elle conſiſte, cette erreur, à ne reconnoître aucune erreur réelle.

Le Biblioth. Je vous avoue que cela me paſſe. Quel paradoxe ! Ne reconnoître aucune erreur réelle ! C'eſt une erreur capitale, & capable de conduire à l'irréligion.

Le Docteur. Ne prenez pas ces termes à la rigeur : & faites attention au ſens que j'y donne, en raiſonnant dans les principes de Bayle. Il prétend qu'on ne peut définir l'Héréſie, & que jamais aucun Juge ne peut ſçavoir avec certitude, ſi un accuſé eſt Hérétique ou ne l'eſt pas. Il va bien plus loin. Il veut que Dieu ne demande de l'homme que la croyance de ce qui lui paroît vrai. N'eſt-ce pas là dire, qu'on ne peut jamais connoître une Héréſie réelle ; que perſonne ne peut juſtement être condamné comme Hérétique ; & que par conſéquent il n'y a point d'erreurs, en matiere de Religion, que nous ſoyons en droit d'anathématiſer comme telles ? N'eſt-ce pas là une héréſie capitale, une impiété monſtrueuſe, un blaſphême horrible, qui introduit dans la Religion la plus dangereuſe incertitude ? Mais écoutons Bayle lui-même, & voyons ſi je lui impoſe. Voici comme il parle (*a*) : *Il me ſem-*

(a) *Suppl. du Comment. Philoſ. c.* 10, *page* 519. *tom. B.*

ble entendre quelqu'un qui me représente, que, pour connoître bien-tôt si une opinion est hérétique, il ne faut que prendre garde à cette définition : Une hérésie est une opinion soutenue avec opiniâtreté contre les décisions de l'Eglise. Mais que voilà un méchant expedient ! car d'abord on vous arrêtera sur la notion d'opiniâtreté, puis sur celle de l'Eglise ; & là vous vous verrez dans un Océan le plus bourasqueux du monde. Car par l'Eglise vous entendez la véritable : mais la question est de la trouver cette véritable Eglise. On la cherche dans l'Ecriture & dans la plus pure Tradition : & c'est là une matiere de long Procès. Dire que la vraie Eglise est la Romaine, n'est rien dire si on ne le prouve ; & pour le prouver, toutes sortes de discusions se présentent comme en foule. Si quelqu'autre prétendoit fournir une plus claire définition, en disant qu'un Hérétique est celui qui nie les vérités fondamentales de la Religion Chrétienne, il se tromperoit bien fort : car il n'y a point de Chrétien, qui avoue qu'il nie les fondemens de sa Religion. Il faudra le lui prouver, en lui marquant dans la parole de Dieu la vraie marque caractéristique d'une vérité fondamentale ; & voilà une source infinie de discussions. Vous venez de lire ce texte avec moi ; qu'en dites-vous ?

Le Biblioth. Il fait bien sentir qu'il est très-difficile de reconnoître les vraies Hérésies ; mais il ne paroît pas dire qu'il est impossible.

Le Docteur. Eh que signifie donc cette note marginale : *Il est impossible de définir l'Hérésie?*

Le Biblioth. Cette note est peut-être de l'Editeur, qui aura cru voir ce qu'il ne voyoit pas dans ce chapitre.

Le Docteur. Soit ; je veux bien vous laisser cette échapatoire. Mais ne voyez-vous pas que l'Editeur, bon Protestant & confident de tous les secrets de Bayle, a entendu ce texte, comme je l'entens ? Que, s'il est impossible de définir l'Hérésie, on ne pourra jamais dire sans témérité : Telle ou telle opinion est sûrement hérétique. Comme, si l'on ne pouvoit définir le vol, & qu'on ne sçût pas précisément en quoi il consiste, on ne pourroit avancer que très-témérairement : Cet homme est un voleur. Et où ces principes-là nous menent-ils ?

Le Biblioth. Je sens bien maintenant que l'on peut entendre ce texte comme vous l'expliquez. Mais n'avez-vous pas ajouté qu'il dit de plus que Dieu n'exige de nous que la croyance de ce qui nous paroît vrai ? Où tend cette accusation ? Dieu peut-il nous obliger à croire ce qui nous paroît faux ?

Le Docteur. Peut-être me suis-je exprimé peu exactement. Lisons donc Bayle qui s'explique fort nettement, & lui-même vous fera comprendre ce que j'ai voulu dire. Voici son texte : » Après avoir dit : (*a*) En un

(a) *Comment. Philosop. pag.* 438. *col.* 2. *tom. B.*

» mot, ni par l'Ecriture, ni par la lumiere » naturelle, ni par l'expérience, on ne peut » connoître certainement que l'Eglise est in- » faillible : & si elle l'étoit, ceux qui le » croient, ne seroient dans un sentiment » véritable que par un coup de hazard heu- » reux, sans qu'ils puissent nous en donner » aucune raison nécessaire « ... Il ajoute un peu plus bas : » Cette considération, si on » la pesoit mûrement, & si on la méditoit » profondément, nous feroit connoître sans » doute la vérité que je prétens établir ici : » C'est que, dans la condition où se trouve » l'homme, Dieu se contente d'exiger de » lui qu'il cherche la vérité le plus soigneu- » sement qu'il pourra ; & que croyant l'a- » voir trouvée, il l'aime & y regle sa vie. » Ce qui, comme chacun voit, est une » preuve, que nous sommes obligés d'avoir » les mêmes égards pour la vérité putative, » que pour la vérité réelle. Et dès-lors tou- » tes les objections, que l'on fait sur la dif- » ficulté de l'examen, disparoissent comme » de vains phantômes ; puisqu'il est certain » qu'il est de la portée de chaque Particulier, » quelque simple qu'il soit, de donner un » sens à ce qu'il lit, ou à ce qu'on lui a dit, » & de sentir que ce sens est véritable ; & » VOILA SA VERITE' A LUI TOUTE TROU- » VE'E. Il suffit à un chacun qu'il consulte » sincérement & de bonne foi les lumieres

» que Dieu lui donne, & que suivant cela » il s'attache à l'idée qui lui semble la plus » raisonnable & la plus conforme à la vo- » lonté de Dieu. Il est moyennant cela Or- » thodoxe à l'égard de Dieu, quoique, par » un défaut qu'il ne sçauroit éviter, ses pen- » sées ne soient pas une fidelle image de la » réalité des choses : (a) tout de même » qu'un enfant est Orthodoxe, en prenant » pour son pere le mari de sa mere, du- » quel il n'est point fils.

Où sommes-nous, grand Dieu? Certes nous voilà bien au large par rapport à la foi. Il ne faudra plus captiver notre entendement sous l'obéissance due à l'autorité de Jesus-Christ. Tous les hommes, eussent-ils chacun une croyance différente, seront *Orthodoxes à l'égard de Dieu*, puisque chaque Particulier, quelque simple qu'il soit, est en état *de donner un sens à ce qu'il lit, ou à ce qu'on lui a dit, & de sentir que ce sens est véritable*, & que VOILA SA VERITE' A LUI TOUTE TROUVE'E. Nous voilà donc tous Juges en dernier ressort de notre foi. Nous ne pourrons plus juger les autres en fait de Religion. Nous ne pourrons plus obéïr à Jesus-Christ, qui nous ordonne de regarder com-

(a) *Nota benè*. N'est-ce pas se moquer des Orthodoxes, c'est-à-dire des vrais fidéles, que de donner ce titre glorieux à un Bâtard qui se croit légitime?

me un Payen & un Publicain celui qui n'écoute pas l'Eglise. Arius, Socin & tous les adversaires de la Divinité de Jesus-Christ & de la Trinité, seront *Orthodoxes à l'égard de Dieu*, parce qu'aux passages qu'ils liront dans l'Ecriture, ils pourront *donner un sens & sentir que ce sens est véritable, & voilà leur vérité à eux toute trouvée.* Quelques foibles restes de Religion ne suffiroient-ils pas, pour faire frémir d'horreur à la vue du précipice, où conduisent naturellement de pareils principes?

Le Biblioth. Je suis accoutumé depuis long-tems à ne rendre les armes qu'en Philosophe, quand il s'agit du raisonnement. Souffrez que je vous propose un petit doute sur ces conséquences, que vous venez de tirer. Vous appuyez uniquement sur ces paroles: *Et voilà sa vérité à lui toute trouvée.* S'il n'avoit rien ajouté, ce que vous concluez sauteroit aux yeux. Mais il y a une modification, & Bayle dit de suite: *Il suffit à un chacun qu'il consulte sincérement & de bonne foi les lumieres que Dieu lui donne, & que suivant cela il s'attache à l'idée qui lui semble la plus raisonnable & la plus conforme à la volonté de Dieu.* Avec cette modification ses principes conduisent-ils si loin? Il s'agit ici de gens qui sont dans la bonne foi.

Le Docteur. Tout Philosophe que vous

êtes, vous vous laiſſez aiſément éblouir à de vaines apparences. Il s'agit, dites-vous, de gens qui ſont dans la bonne-foi. Mais la queſtion eſt de ſçavoir, ſi chaque Particulier peut y être, en quelques circonſtances qu'il ſe trouve; ſi chaque Particulier eſt raiſonnablement aſſuré que c'eſt Dieu, qui lui donne ces lumieres qu'il conſulte; & que c'eſt à ſa volonté infiniment juſte qu'il ſe conforme, en s'attachant à cette idée qu'il ſe forme lui-même, avec le ſecours de l'eſprit particulier. Vous verrez bien-tôt Bayle lui-même détruire cette ſuppoſition. Mais, encore un coup, y a-t'il beaucoup d'Hérétiques qui ſoient dans la bonne-foi? Si Bayle n'accorde cette bonne-foi qu'à certains Particuliers; s'il prétend précisément qu'il ſe peut faire, & qu'il arrive même, qu'il y ait des Hérétiques de bonne-foi dans un Pays où l'Héréſie régne ſeule depuis long-tems, où l'on ne voit aucun Orthodoxe; où des Miniſtres, regardés comme de vrais Apôtres, ne repréſentent l'Egliſe Romaine que comme une Babylone & une proſtituée, les Papes que comme des Antechriſt, &c. S'il ne veut que cela, dis-je, il a déployé bien inutilement ſa Rhétorique, pour prouver une choſe que des Docteurs Catholiques pourront peut-être ne lui conteſter pas. Mais, je vous le demande, ſon texte ſe renferme-t'il dans des bornes ſi étroites? Au contraire ne s'étend-il pas à tous les Particuliers, ſans exception & ſans reſtriction ? *Il eſt de la portée de chaque Particulier. Il ſuffit à un chacun, &c.* Ces Particuliers ſont-ils Manichéens, Ariens, Sociniens, Anabaptiſtes ? Il n'en excepte aucun. Il n'excepte même aucune circonſtance de lieux, de tems, de ſociétés. Ainſi voilà tous les Hérétiques devenus Catholiques. Voilà leurs Patriarches mêmes *Orthodoxes à l'égard de Dieu*, dès-là que conſultant *ſincérement & de bonne-foi les lumieres* qu'ils prétendront que Dieu leur aura données, ils auront donné un ſens aux paſſages de l'Ecriture, & ſenti que ce ſens eſt véritable. N'eſt-ce pas là donner tête baiſſée dans le Quakériſme, & dans l'Enthouſiaſme fanatique de l'eſprit particulier ?

Le Biblioth. Encore un mot, de grace. Je viens de voir dans l'endroit que nous examinons, qu'il (*a*) *n'exclut point la grace de l'acte qui nous fait adhérer aux vérités révélées.* Et par conſéquent Dieu fait que ce qui paroît vrai à ces ames ſinceres & de bonne-foi, ſoit en effet la vérité.

Le Docteur. Bayle, qui ménage infiniment les Réformateurs modernes, n'oſe condamner ni Luther, ni Calvin. Que dis-je ? Il eſt ſi indulgent & ſi benin, que peu s'en faut qu'il ne préfére les (*b*) Sociniens

(a) *Ibid. pag.* 439.
(b) *Supplément du Comm. Philoſ. pag.* 555.

aux autres Sectes. Ainsi il ne refusera *la grace de l'acte* ni à Luther ni à Calvin. Voilà par conséquent le même S. Esprit qui fait croire à Luther que Jesus-Christ est dans l'Eucharistie, & à Calvin qu'il n'y est pas, & ne peut y être. Quelle absurdité! Mais écoutons Bayle lui-même. Ce sera encore lui qui renversera la supposition que je lui ai prêtée, pour donner à sa Thèse générale un sens du moins supportable. Voici comme il parle : (*a*) » On ne peut point nous marquer un « caractere sûr & nullement équivoque des « sentimens, où Dieu nous dirige par une « faveur spéciale.......... Comment vou- « lez-vous qu'un paysan s'assure légitime- « ment qu'il croit sa Religion par ce princi- « pe (la grace extraordinaire du S. Esprit), « pendant qu'il voit d'autres paysans de « Religion opposée, soutenir pareillement « qu'ils croient leur Religion par un effet « de la grace? Un Luthérien ne soutient-il « pas que c'est par la miséricorde & faveur « de Dieu qu'il croit les dogmes que les « Sociniens & les Calvinistes rejettent, ceux- « là touchant les trois Personnes Divines, « ceux-ci touchant la (*b*) réalité, le franc « arbitre, l'universalité de la grace? Un Ré- « formé avouera que ce Luthérien a raison «

(a) *Suppl. pag.* 585.
(*b*) *C'est-à-dire, la présence réelle de Jesus-Christ au S. Sacrement.*

» d'attribuer à la grace la persuasion de la » Trinité, mais non pas des autres dogmes. » Cependant le Luthérien ne sçauroit ni » marquer à un autre, ni sentir lui-même » quelque différence entre le motif qui » l'attache au dogme de la Trinité, & celui » qui l'attache aux autres. Par conséquent, » être persuadé que Dieu nous révéle cer- » tains dogmes, n'est pas une preuve que » ces dogmes soient véritables ; & dès-là, » l'objection (*a*) que je réfute ne vaut plus » rien. Car, si je n'ai pas une preuve certai- » ne & nécessaire qu'une assistance spéciale » de l'esprit de Dieu me dirige vers la vérité, » je me l'imagine *sans une raisonnable certi-* » *tude*, *& témerairement*, quand même il » seroit vrai dans le fonds que j'en fusse di- » rigé. Deux hommes, dont l'un diroit, » que les parties d'un pouce cubique du » corps de la Lune sont en nombre pair, & » l'autre en nombre impair, ne seroient-ils » pas également téméraires, soit qu'ils le dis- » sent à vue de pays & comme s'ils jouoient » à croix & à pile, soit qu'ils le dissent sur » quelque calculs géométriques, qui né- » cessairement seroient sujets à erreur, &c. Que vous en semble ? N'est-ce pas là renver- ser d'un seul coup cette vaine assurance & cette belle Orthodoxie, qu'il attribue à cha-

(a) *Que la persuasion des dogmes est un effet de la grace.*

que particulier aſſiſté par *la grace de l'Acte* ?

Le Biblioth. Je vous avoue que je ne comprens rien à ce galimathias. Tantôt c'eſt *la grace de l'Acte* qui nous fait adhérer aux vérités révélées. Tantôt cette même grace n'a aucun *caractere ſûr & nullement équivoque des ſentimens où Dieu nous dirige.* De ſorte que c'eſt *ſans une raiſonnable certitude & témerairement* que tout Particulier s'imagine qu'il eſt dirigé *vers la verité.* Je commence à croire que vous avez raiſon.

Le Docteur. Il n'eſt point étonnant que vous n'y compreniez rien. Vous ne connoiſſez pas ce Protée, qui prend toutes ſortes de figures, ſelon les différentes circonſtances où il ſe trouve. Il ſouffle le froid & le chaud, ſelon que l'un ou l'autre peut l'accommoder davantage. C'eſt ce que vous verrez plus clairement, quand j'examinerai ſon Pyrrhoniſme en fait de Religion. Ici je me contente de vous faire remarquer, que les principes de Bayle introduiſent dans la Religion une incertitude bien affligeante, & bien cruelle. Car il faut croire pour être ſauvé. (*a*) *Celui qui ne croira pas, ſera condamné.* (b) *Sans la foi il eſt impoſſible de plaire à Dieu.* Or ce n'eſt point l'apparence trompeuſe de la vérité, mais la vérité elle-même qu'il faut croire, & telle que Jeſus-Chriſt l'a en-

(a) *Marc.* 16. (b) *Heb.* 11.

ſeignée aux Apôtres, qui nous l'ont tranſmiſe, qui l'ont confirmée par les miracles, & qui l'ont enfin ſcellée de leur ſang. Hé quoi ? Jeſus-Chriſt auroit lancé ce terrible anathême contre les incrédules, *Celui qui ne croira pas, ſera condamné* ; & il n'auroit appellé incrédules que ceux qui ne donnent point un *ſens à ce qu'ils diſent* ou entendent dire, & qui ne *ſentent pas que ce ſens ſoit véritable* ! Quel blaſphême contre le divin Auteur & le Conſommateur de notre foi ! Mais ceux qui ſuivroient les principes de Bayle, pourroient-ils être bien tranquilles ſur ce point capital ? Ne ſeroit-ce pas *ſans une raiſonnable incertitude & temerairement* qu'ils ſe perſuaderoient qu'ils croient réellement les vérités, dont la croyance eſt néceſſaire au ſalut ? Les voilà donc dans la plus accablante incertitude par rapport à cette grande & unique affaire. C'eſt encore Bayle lui-même, qui appuye mon raiſonnement. *Il faut qu'ils ſongent*, dit-il, (les Catholiques (*a*) *que s'ils ſe trompent dans ce point là*, (ſur l'infaillibilité de l'Egliſe,) *ils riſquent non ſeulement leur propre ſalut, mais auſſi celui de tous les Chrétiens. Car s'ils ſe perſuadent fauſſement qu'ils ſont infaillibles, ils croiront hardiment tout ce qui leur viendra dans l'eſprit ; & le peuple, qui les croira infaillibles, embraſſera ſans ſcrupule toutes leurs*

(a) *Critiq. génér. lett. 29. pag. 135.*

extra-

du le premier homme parfaitement raisonnable, & dont nous avons le fidéle tableau dans l'Ecriture. Il ne s'agit donc ici que de la Raison particuliere de chaque homme.

L'Abbé. Cette Raison particuliere n'est point précisément notre entendement ; car, entant qu'entendement, il est tout formé lorsqu'il sort des mains du Créateur. C'est donc encore le petit assemblage d'idées, de connoissances, de vérités, de principes, qui, imprimés à notre entendement, forment en nous ce que nous appellons notre Raison.

Le Docteur. Cela est juste : mais concluez que demander comment notre Raison se forme, & demander comment notre entendement acquiert ces idées, ces connoissances, ces principes qui constituent notre Raison, c'est la même chose. Voilà donc un état de question bien simple & bien déchargé.

L'Abbé. Oui, il est simple ; & je vois clairement où vous allez me conduire. Vous me demanderez si ces idées qui forment notre Raison, l'entendement les a en soi, ou s'il les voit en Dieu, ou s'il les reçoit du dehors : car je ne sçaurois imaginer une autre maniere d'avoir ces idées.

Le Docteur. Vous n'êtes pas bien loin du but ; & vous devez déja sentir que, bon gré, malgré, je vous forcerai d'examiner si l'éducation doit être comptée pour rien, lorsqu'il s'agit de former notre Raison particuliere, dans le ſens que vous-même venez d'expliquer.

L'Abbé. Avancer que nous voyons tout en Dieu, comme le prétend le Pere Mallebranche, c'eſt ce que je ne ferai jamais, à moins que les Diſciples de cet Auteur méditatif ne répandent un autre jour ſur les ſçavantes ténébres de leur Maître. Je ne dirai pas non plus que Dieu a gravé diſtinctement dans nos ames l'idée claire, préciſe & bien articulée de tous les Etres diſtingués de nous-mêmes, des vérités abſtraites, des principes généraux, dont l'aſſemblage doit former notre Raiſon particuliere : du moins juſqu'à préſent ces idées innées n'ont pas encore été ſolidement prouvées, & nous pouvons regarder cette opinion comme non avenue.

Le Docteur. Vous voilà bien avancé, Monſieur : & il ne reſte plus que la troiſiéme maniere d'avoir ces idées, qui eſt de les recevoir du dehors.

L'Abbé. Je vois bien que vous m'allez dire qu'il faut avoir recours à l'éducation, à l'inſtruction quelle qu'elle ſoit. Mais la ſenſation & la réflexion ne ſuffiſent-elles pas au moins ?

Le Docteur. Vous en jugerez vous-même plus tard. Mais, avant que d'aller plus loin, je voudrois faire ici une comparaiſon entre notre entendement & l'œil corporel. N'eſt-il pas vrai que nous pouvons appeller l'entendement, l'œil de l'ame ? Voyons les rapports qu'il peut y avoir entre cet œil de l'esprit & l'œil corporel. Celui-ci ne voit rien, s'il n'est ouvert. Quelque parfaitement qu'il soit organisé, il ne voit encore rien s'il n'a point d'objets, si ces objets ne sont rendus visibles, & s'ils ne lui sont appliqués par la lumiere même qui les colore. N'en est-il pas de même de l'œil de l'esprit, de notre entendement ?

L'Abbé. Cette comparaison m'embarrasseroit fort, si elle étoit juste : mais permettez-moi de vous représenter qu'elle ne l'est pas. 1°. L'œil corporel, avant que d'appercevoir aucun objet extérieur, n'a point en soi l'image de cet objet ; au lieu que l'ame peut avoir en soi l'image spirituelle de tous les objets qu'elle connoît, & dont elle se forme les idées. 2°. L'œil corporel n'est qu'un organe, qu'un instrument dont l'ame se sert pour appercevoir les objets visibles : & c'est elle-même qui, par elle-même, sent, apperçoit, conçoit toutes les vérités intelligibles.

Le Docteur Malgré toutes vos protestations, je crois que vous avez un penchant secret pour les idées innées ; vous y revenez toujours. Quoi ! l'ame, avant que de connoître actuellement, peut-elle avoir en soi les idées distinctes des objets qu'elle connoît, sans avoir ce que nous appelions *idées innées* ?

Or, oseriez-vous me présenter cette opinion comme vraie? Donnez-la comme problématique ou douteuse, je ne m'y oppose pas; mais de vouloir l'établir comme un principe incontestable, c'est ce que je ne puis souffrir.

L'Abbé. Non, je n'oserois dire que l'existence des idées innées soit plausiblement prouvée.

Le Docteur. Vous ne devez donc pas avancer que l'ame, sans rien recevoir du dehors, a en elle-même toutes les images des objets qu'elle peut connoître; car dire cela, & dire qu'elle a des idées innées, c'est la même chose, si je ne me trompe.

L'Abbé. Je n'y avois pas fait une attention assez sérieuse.

Le Docteur. Vous dites en second lieu que l'œil est *un organe dont l'ame se sert pour appercevoir les objets visibles; & que c'est elle-même qui sent par elle-même, qui apperçoit, qui conçoit toutes les vérités intelligibles.* Concevez-vous cela bien distinctement, Monsieur? L'ame trouve-t'elle ces vérités intelligibles dans son propre fond? les apperçoit-elle? les conçoit-elle, sans qu'elles lui soient imprimées du dehors? Elles sont donc gravées & écrites dans son entendement, indépendamment de toute instruction; & voilà encore les idées innées admises. Les admettrez-vous? non sans doute. Mais si c'est par un ſecours extérieur, par quelque inſtruction que ces vérités intelligibles ſont appliquées à l'entendement, qui enſuite les ſaiſit, les conçoit, les retient, quelle différence trouvez-vous quant à ce point entre l'œil corporel & l'œil de l'eſprit ?

L'Abbé. Je n'en trouve plus au moins qui ſoit conſidérable.

Le Docteur. Par conſéquent, comme l'œil corporel n'a pas en ſoi les images des objets viſibles avant qu'il les voie, l'œil de l'ame ou l'entendement n'a pas non plus en ſoi, avant toute application du dehors, les idées des vérités intelligibles, & encore moins les images des Etres corporels. J'oſe dire du moins qu'on ne démontrera jamais le contraire : d'où je puis conclure que, comme l'œil corporel ne peut voir ſans objets, & ſans que ces objets lui ſoient rendus viſibles par la lumiere ; de même, pour que l'ame voie ou entende actuellement, il faut qu'elle ait des objets, & que ces objets lui ſoient appliqués ou préſentés de quelque maniere que ce ſoit.

L'Abbé. Cela me paroît aſſez vrai-ſemblable. Mais quels ſont les objets de l'entendement ?

Le Docteur. Ce ſont les idées ſimples ou compoſées de toutes ſortes d'objets matériels ou immatériels ; les propoſitions, les aſſertions vraies ou fauſſes, les raiſonnemens bons ou mauvais, les principes des ſciences, leur application, leurs conſéquences : Enfin toutes les vérités & toutes les fauſſetés imaginables, tout cela eſt l'objet de notre entendement.

L'Abbé. Et comment prétendez-vous que ces objets ſoient appliqués à l'œil de l'eſprit ?

Le Docteur. Ce n'eſt sûrement point par la ſeule ſenſation, ſi par *ſenſation* M. Locke n'entend que le rapport des ſens, ou les impreſſions que les objets extérieurs font ſur les ſens.

L'Abbé. N'eſt-ce point par les ſens ſeuls que nous viennent les idées des objets extérieurs, des couleurs, des ſons, des odeurs, du froid, du chaud, &c. ?

Le Docteur. J'avoue de nouveau (*a*) que nos ſens nous repréſentent les images des Etres ſenſibles, & qu'ils nous rapportent la plupart de leurs propriétés en ce qu'elles ont de ſenſible : par exemple, la figure, la grandeur, les couleurs de ces Etres ſe peignent dans notre eſprit, à l'aide des ſens corporels ; nous ſentons la chaleur, la dureté, la fluidité, la douceur, l'amertume, l'acrimonie, &c. Mais ces connoiſſances, qui ne peuvent être que confuſes, ne ſont pas ce que j'appelle les idées claire & diſtinctes de ces Etres. Pour les con-

(a) *I. Entret. pag. 13.*

noître bien & autant que nous le pouvons, il faut que nous connoiſſions leurs propriétés cachées à nos ſens, leurs rapports, leurs dénominations, quoiqu'arbitraires, &c. : & c'eſt ce que les ſens ſeuls ne nous apprennent pas. D'ailleurs ces connoiſſances, fuſſent-elles indépendantes de l'inſtruction, ne formeront jamais la Raiſon telle que nous l'avons dépeinte.

L'Abbé. Nous ne parlons pas maintenant de la Raiſon parfaite. Il ne s'agit que des idées des Etres corporels : Et ne ſont-ce pas les ſens ſeuls qui nous les donnent ces idées ?

Le Docteur. Vous croyez donc que les ſens rapportent à l'eſprit ce que ſont les objets extérieurs en eux-mêmes ?

L'Abbé. Qui pourroit révoquer en doute une vérité ſi conſtante ?

Le Docteur. Vous douterez bien-tôt vous-même de cette vérité prétendue. Souvenez-vous de ce que vous avez avoué par rapport à Adam, que nous avons ſuppoſé créé dans un profond ſommeil, & éveillé avant que d'avoir reçu aucune idée des Etres ſenſibles.

L'Abbé. Je m'en ſouviens. Mais notre cas eſt bien différent. Dans cette ſuppoſition, Adam n'avoit encore rien vu : Et nous autres nous voyons, nous touchons, &c.

Le Docteur. Mais ſuppoſons que nous voyons un objet pour la premiere fois, nous ſerons dans le cas d'Adam, qui vit le ciel, la terre, les plantes, les animaux pour la premiere fois. Or dans ce cas vous avez avoué qu'il n'auroit ſçu ſe former une idée juſte, claire & diſtincte de tous ces objets, ſans le ſecours du Créateur. Je ne parle point ici des Images que ces objets peignent dans notre cerveau, comme dans un miroir. Souvenez-vous-en une fois pour toutes.

L'Abbé. J'y fais attention. Mais encore un coup, j'ai de la peine à dire que, ſans autre ſecours que celui de nos yeux, nous ne pourrions pas nous former une idée claire & diſtincte des objets que nous voyons pour la premiere fois.

Le Docteur. Vous le direz bien-tôt. Vous avez de bons yeux, la Raiſon parfaitement formée, & l'eſprit richement orné. Regardez bien ce que je vous montre, & me dites ce que c'eſt.

L'Abbé. C'eſt une figure, un caractere tracé ſur du vélin.

Le Docteur. Mais encore, qu'eſt-ce que cette figure, ce caractere ?

L'Abbé. Ce ſont quatre lignes qui forment une eſpéce de parallélogramme.

Le Docteur. Vos yeux ne rapportent rien de plus à votre eſprit ?

L'Abbé.

L'Abbe. Je n'en sçaurois deviner davantage.

Le Docteur. Convenez donc, Monsieur, que vos sens ne vous apprennent pas ce que sont les objets, dont ils vous presentent l'image : qu'ils ne vous font appercevoir que ce que ces objets ont de purement sensible ; & que, sans aucune instruction, vous ne sçaurez jamais ce qu'ils sont en eux-mêmes, quelles sont leurs propriétés secrettes, quelles sont leurs idées composées, leurs rapports entr'eux, leurs dénominations justes, leurs différences essentielles, &c. Ces quatre lignes, que vous prenez pour une figure de Géométrie, ne sont autre chose qu'une lettre Hébraïque qu'on appelle *Mem*, & qui répond à notre lettre *M*. Mais que seroit-ce, si l'on ne vous avoit jamais appris ce que c'est que caractere, ligne, figure, parallélogramme, &c. ? En voyant cette lettre de l'Alphabet Hébreu, eussiez-vous dit que ce sont des lignes qui forment une figure de Géométrie ?

L'Abbé. J'aurois au moins pu le penser.

Le Docteur. Comment l'eussiez-vous pu penser, si personne ne vous en avoit donné la premiere idée ? Auriez-vous peut être des idées innées touchant les lignes & les figures Géométriques ?

L'Abbé. Vous plaisantez : mais vous

m'embarraſſez plus que je ne paroiſſois le craindre.

Le Docteur. Revenez donc à votre premiere penſée ; & avouez de nouveau que le premier homme ne ſe ſeroit formé aucune idée juſte, claire & préciſe des Etres corporels qui tomboient ſous ſes ſens, ſi le Créateur ne lui avoit donné ce qu'on appelle la Philoſophie infuſe, dans le ſens que je viens d'expliquer; & convenez de bonne grace que vous avez été un peu vîte en regardant comme évidente cette aſſerſion, que *c'eſt par les ſens ſeuls que nous viennent les idées des objets extérieurs*, du moins les idées qui nous font connoître leurs propriétés cachées à nos ſens.

L'Abbé. Mais ſi nous n'avions pas ces ſens, ces idées nous viendroient-elles ?

Le Docteur. Non aſſûrement, du moins ſelon les loix ordinaires de la Providence. C'eſt pourquoi un aveugle né n'a aucune idée des couleurs, un ſourd de naiſſance ne connoît nullement les ſons, &c. Cela prouve bien que les ſens ſont néceſſaires pour connoître les objets ſenſibles : Mais prouve-t'il également que nous n'ayons beſoin d'aucun autre ſecours ; & que, ſans aucune éducation, ſans nulle inſtruction, les ſens ſeuls ſuffiſent pour nous donner des idées claires & auſſi parfaites qu'elles puiſſent l'être, des couleurs, des ſons, des odeurs, & de toutes les autres qualités dont ils reçoivent les impreſſions ?

L'Abbé. Vous me conduiſez inſenſiblement à votre but ; & vous allez me faire avouer que l'inſtruction eſt auſſi néceſſaire que les ſens mêmes.

Le Docteur. Comme toute inſtruction ſeroit abſolument inutile à un enfant qui n'auroit aucun des cinq ſens corporels, je puis auſſi dire que ces ſens ne lui apprendroient gueres de choſes, s'il manquoit de toute inſtruction ; & par conſéquent, ſi l'éducation n'eſt point indiſpenſablement néceſſaire, elle eſt au moins infiniment utile pour former notre Raiſon, en imprimant à notre eſprit des idées, des principes, des vérités ſimples & claires, &c. De ſorte que nous pouvons regarder nos ſens, ſur tout la vue & l'ouïe, comme des canaux par où ceux qui nous élevent, font paſſer juſqu'à notre ame leurs propres idées, qu'ils y gravent petit à petit. Ainſi nos ſens ſont comme les inſtrumens, & nos maîtres comme les agens principaux, qui dans l'ordre naturel agiſſent ſur nos eſprits à l'aide de ces organes. Que vous en ſemble, Monſieur ? Ceci n'eſt-il point aſſez plauſible ?

L'Abbé. Non, je n'oſerois plus ſoutenir comme un principe, que la ſenſation ſeule ou l'impreſſion faite ſur nos ſens ſoit l'unique ſource de toutes nos idées touchant les êtres corporels ou ſenſibles. Elle ſera, ſi l'on veut, un inſtrument, un canal, une condition naturellement requiſe. Mais la cauſe principale, il me paroît que c'eſt l'inſtruction de nos parens, de nos nourrices, de nos pédagogues, du moins quant à la connoiſſance parfaite des objets extérieurs, & peut-être des principes généraux des ſciences.

Le Docteur. Voilà un *peut-être* bien déplacé, & une reſtriction à quoi je ne devois pas m'attendre. Eſt-ce un ſcrupule qui vous reſte touchant la néceſſité ou l'importante utilité de l'éducation ?

L'Abbé. Je vous avoue que je ne puis me rendre tout-à-fait. Vous paroiſſez vouloir établir que, ſans inſtruction & ſans la moindre éducation, nous n'aurions aucune idée juſte de quoi que ce ſoit. Vous devez excepter au moins ce qui nous regarde intimement, notre exiſtence, celle de notre ame, de ſes penſées, de ſes opérations, &c. Faut-il qu'on me diſe que je penſe & que j'exiſte, pour que je le ſçache ?

Le Docteur. Non, Monſieur, je ne vous dis pas cela ; & vous n'avez pas encore bien pris ma penſée. Je ne prétens pas mettre en thèſe que, ſans aucune éducation ou inſtruction, il ſeroit impoſſible à un enfant qui avanceroit en âge, d'avoir quelque idée de soi-même, & quelque connoissance des Etres sensibles; quoique cela même ne soit pas aussi facile à concevoir, que vous pourriez vous l'imaginer. Mais ma prétention est uniquement qu'on ne peut pas prouver que, sans aucune instruction, la Raison de cet enfant se dévelopera, se formera de façon qu'il aura toutes les idées, toutes les connoissances, tous les principes que nous avons reçus nous autres par le moyen de l'éducation. Autrement cet heureux enfant seroit du nombre de ces hommes privilégiés, de qui un éloquent Orateur a dit, *qu'ils naissent tout ce qu'ils seront*, sans avoir besoin ni d'art, ni d'étude, ni d'expérience. Faites donc une bonne fois attention que, quand je parle de la Raison, j'entens principalement la connoissance des vérités intelligibles, soit de spéculation, soit de pratique. Les images des Etres corporels, & les connoissances de leurs propriétés sensibles ont trop de ressemblance avec l'instinct naturel des animaux, pour appartenir en propre à notre Raison.

L'Abbé. Vous me passez donc enfin qu'il ne faut aucune instruction pour qu'un enfant, dont l'esprit commence à se déveloper, sente qu'il est, se connoisse, & ait aussi quelques connoissances des objets qui frapent ses sens?

Le Docteur. Je vous l'accorde ; mais en me réſervant le droit de revenir là deſſus pour m'expliquer. Je ne veux pas me brouiller avec vous pour ſi peu de choſe. Mais à mon tour j'ai un petit ſcrupule que je vous prie de lever. Comment cet eſprit ſe dévelopera-t'il ſans aucun ſecours extérieur ? L'ame de cet enfant a-t'elle de premieres idées innées, ſur quoi elle puiſſe réfléchir, & faire ſes premieres opérations ?

L'Abbé. Cette ame aura au moins une premiere idée d'elle-même : elle ſe ſentira, ſi je puis m'exprimer ainſi : elle ſçaura qu'elle penſe, qu'elle exiſte, &c.

Le Docteur. Et elle ſe dira à elle-même qu'elle ſe ſent, qu'elle penſe, qu'elle exiſte ?

L'Abbé. Pourquoi ne ſe le diroit-elle pas ? Quelle difficulté y trouvez-vous ?

Le Docteur. En quel langage intérieur ſe le dira-t'elle ? Car penſer, proprement c'eſt ſe parler intérieurement à ſoi-même, ſi je ne me trompe. N'eſt-ce pas pour cela que nos Anciens ont appellé la penſée, *verbum mentis*, le verbe ou la parole de l'ame, qui ſe dit quelque choſe à ſoi-même ?

L'Abbé. Je ne comprens pas ce que vous voulez dire avec ce langage intérieur.

Le Docteur. Vous ſentirez bien-tôt la difficulté qui m'arrête ici. Vous ne ſçavez pas l'Hébreu, puiſque vous avez pris tantôt une lettre hébraïque pour un parallélograme. Hé bien, eſſayez, je vous prie, de penſer en Hébreu.

L'Abbé. Laiſſez-moi un peu méditer. . . . Non, Monſieur, je ne puis penſer qu'en François, qu'en Latin, & encore un peu en Grec. Je remarque même que, quand je veux penſer en Latin, des mots François viennent malgré moi prendre la place des mots Latins que je prononce intérieurement; ſans doute, parce que la langue Françoiſe eſt ma langue naturelle, c'eſt-à-dire, celle que j'ai appriſe dès l'enfance.

Le Docteur. Mais ſi vous ne ſçaviez aucune Langue, en quel langage penſeriez-vous, ou vous parleriez-vous à vous-même intérieurement?

L'Abbé. Je ne ſçaurois le deviner: mais apparemment je me formerois un langage intérieur, qui ne nous eſt pas connu.

Le Docteur. Sur quoi fondé avancez-vous une pareille propoſition! Sçauriez-vous la prouver? Vous y penſez. . . .

L'Abbé. Hé, oui, j'y penſe: & quelque effort que je faſſe, il ne ſe préſente à mon eſprit qu'un cahos d'idées confuſes, que je ne ſçaurois débrouiller.

Le Docteur. La difficulté qui m'arrête n'eſt donc pas ſi mépriſable. Vous en jugerez encore mieux tout-à-l'heure. Vous ſuppoſez donc, que, dans le cas en queſtion, un homme pourroit ſe former de lui-même un langage intérieur : Soit. Mais ce langage, pourra-t'il le manifester au dehors ? ou ne le pourra-t'il pas ? Choisissez ; & vous sentirez que mon scrupule n'est pas encore bien levé.

L'Abbé. Je suppose aussi qu'il pourra le manifester au dehors.

Le Docteur. Par un langage extérieur, ou par des signes si marqués, qu'ils vaudront un langage proprement dit ? Car, vous le sçavez, les sons articulés n'étant que des signes arbitraires de nos pensées, d'autres signes peuvent y suppléer.

L'Abbé. J'ai de la peine à admettre ici un langage extérieur proprement dit, c'est-à-dire, des sons articulés tels que sont tous les mots qui composent les différentes langues du monde.

Le Docteur. Vous voilà tout à coup bien réservé. Un nouveau scrupule vient apparemment de s'emparer de votre esprit.

L'Abbé. C'est que je me souviens d'un axiome que je crois vrai, & qui porte, qu'*un sourd de naissance est nécessairement muet*, parce qu'il n'a jamais entendu aucun son articulé. Or l'enfant dont nous parlons seroit évidemment dans le même cas, puisque nous supposons qu'il n'a eu aucune instruction, aucune éducation, aucune leçon, & qu'il n'a jamais entendu aucun langage proprement dit. Il faudroit donc qu'il fût aussi muet que le ſourd de naiſſance. Cela me paroît évident, ou bien l'axiome eſt faux. Voilà pourquoi je n'oſe dire que dans notre cas on pourroit manifeſter le langage intérieur par un langage extérieur, ou Hébreu, ou Grec, ou Latin, &c.

Le Docteur. C'eſt là un aveu qui n'eſt pas indifférent. Mais d'autres ſignes bien marqués, & qui nous feroient connoître clairement les penſées ou le langage intérieur de cet enfant devenu raiſonnable, comme vous le prétendez, ne vaudroient-ils pas bien un véritable langage ? Et lui feroit-il plus difficile de nous manifeſter ſes penſées par des ſons articulés, que de nous donner d'autres ſignes équivalens, qu'il vous plaira d'imaginer ?

L'Abbé. Je ne vois pas trop pourquoi l'un feroit plus difficile que l'autre ; & je n'oſerois pourtant dire qu'il pourroit ſe former un langage extérieur ou compoſé de ſons parfaitement articulés, de crainte de démentir l'axiome dont je viens de faire mention.

Le Docteur. Encore une réflexion, je vous prie. Vous voyez que les ſcrupuleux n'ont jamais fait. N'eſt-il pas vrai qu'au moment que nous avons un langage intérieur bien formé, nous pouvons l'exprimer par des ſons extérieurs qui y répondent ? Celui-là eſt comme le modéle & la cauſe de ceux-ci. N'eſt-ce pas ainſi qu'Adam a eu ſa langue primitive ? Et par conſéquent, ſi un ſourd de naiſſance, ou un homme à qui l'on n'auroit jamais parlé, pouvoit ſe faire un langage intérieur bien formé, bien articulé, il pourroit auſſi aiſément que nous ſe former un langage extérieur conforme à celui qu'il ſe parleroit à lui-même intérieurement.

L'Abbé. Cela ſeroit bon, ſi le langage intérieur dont il s'agit ici, étoit ſemblable aux langues connues dans l'univers.

Le Docteur. Mais ſi ce prétendu langage n'a nul rapport, nulle reſſemblance avec aucune langue du monde entier, de quelle eſpéce ſera-t'il ? Sera-ce un langage qui ne ſera point langage ? O que certains ſcrupules ſont importuns !

L'Abbé. Vous pouſſez vos queſtions bien loin. Ce ſont là des ſpéculations trop abſtraites.

Le Docteur. C'eſt vous-même qui m'y avez conduit, en imaginant je ne ſçais quel langage, qui ne reſſembleroit à aucune langue, & que nous n'expliquerons jamais, ni vous, ni moi. Ainſi je veux bien vous paſſer de nouveau que, dans le cas propoſé, l'ame pourra avoir quelques idées d'elle-même, de ſon exiſtence, de ſes ſenſations, & même des objets extérieurs, à l'aide des ſens, qui lui imprimeront les images : pour cela viendrez-vous à bout de prouver qu'elle ſeformeroit un langage intérieur bien intelligible & bien articulé, sur-tout par rapport à tous les êtres sensibles, & aux vérités, aux principes généraux, soit de spéculation, soit de morale?

L'Abbé. Il est très-difficile de répondre plausiblement à vos difficultés; & il faut un plus habile homme que moi pour vous bien guérir de vos scrupules. Je renonce de bon cœur à cette entreprise; & j'avoue ingénuement que, comme les idées innées ne sont pas démontrées, on peut encore moins démontrer, que, sans aucune éducation, la Raison particuliere de chaque homme se formeroit, comme elle se forme par le secours de l'instruction.

Le Docteur. Vous ne balancerez donc pas à mettre au nombre des fables ces histoires d'enfans, qui, nourris dans les bois, apparemment par des louves ou par des lionnes, ont eu un langage, sans avoir jamais entendu prononcer le moindre mot.

L'Abbé. Je me suis laissé trop long-temps bercer de ces historiettes: mais maintenant je leur fais l'honneur qu'on doit faire aux Contes des Fées; & je regarde tous ces faits comme fabuleux, ou du moins comme apocryphes: ou il faudroit dire que les hommes les plus sensés & les plus habiles se sont trompés, en assûrant qu'un sourd de naissance est nécessairement muet.

Le Docteur. Je ſuis charmé de vous voir rendre les armes à demi. Reprenons, s'il vous plaît. Il eſt certain que l'éducation eſt auſſi néceſſaire que la ſenſation pour former la Raiſon particuliere de chaque homme, par rapport aux objets extérieurs, & ſur tout par rapport aux idées, aux principes, aux vérités, qui ne peuvent être communiquées à notre entendement que par l'inſtruction, quelle qu'elle ſoit : du moins on ne démontrera jamais le contraire. Ainſi nous pouvons dire, ſans craindre d'être convaincus de donner dans le faux, que, comme la Raiſon commence à ſe former dans chacun de nous par le moyen des ſens & de l'éducation, elle s'eſt formée de même, ſelon la providence ordinaire, dans tous les hommes, en remontant juſqu'aux enfans du premier homme. N'eſt-ce pas pour un deſſein auſſi digne de la ſageſſe du Créateur, que ces premiers hommes ont vécu ſi long-temps ? Et n'eſt-ce pas pour cela que, nous privant dans notre enfance de certaines facultés dont il a doué les autres animaux, il a voulu que nous dépendiſſions en tout, ou des auteurs de notre vie, ou de nos nourriciers ? D'où il nous ſera aiſé de conclure, qu'il eſt de la derniere importance qu'on ait ſoin de nous donner à tous, dès le berceau, une éducation ſaine & droite.

L'Abbé. Nous déveloperons plus tard

cette conclusion, s'il vous plaît. Maintenant n'est-il pas à propos que vous expliquiez ce que vous entendez par l'éducation ?

Le Docteur. Je le veux bien. Il y a une éducation qui ne regarde que la vie purement animale. Il y a une éducation qui forme peu à peu l'imagination. Enfin il y a une éducation qui parle à la Raison naissante, ou à l'esprit qui s'ouvre & se dévelope.

L'Abbé Je vous entens. Il faut d'abord commencer par nourrir l'homme nouvellement né.

Le Docteur. Comment vivroit-il, si personne ne lui donnoit des alimens ? Je mets en fait qu'il ne subsisteroit pas deux jours.

L'Abbé. Cela seul prouveroit invinciblement que l'histoire de ces enfans, dont nous venons de parler, est une pure fable, & qu'elle ressemble fort aux fameux Contes (*a*) de *l'Ane de Buridan* & de *la Dent d'Or.* En effet, ou quelqu'un les a nourris pendant leur enfance, ou ils ont été entiérement abandonnés à eux-mêmes. Au second cas, ils seront morts aussi-tôt ; & s'ils avoient appris à parler, ce ne pourroit être qu'en l'au-

(*a*) Bayle a ses raisons pour faire valoir les Histoires fausses de la *Dent d'Or*, qui a exercé si inutilement les Physiciens ; & de cet *Ane*, qu'on suppose mort de faim entre deux picotins d'avoine mis à une égale distance de ses yeux & de ses narines.

tre monde. Au premier cas, ils ont d'abord reçu la premiere éducation, c'eſt-à-dire, l'éducation animale. Et comme il faut d'extrêmes ſoins pour élever des enfans, & que ces ſoins doivent durer pluſieurs années, il eſt bien difficile, pour ne pas dire impoſſible, que ceux qui les nourriſſent, ne leur diſent jamais un mot, ne leur impriment aucune idée, ne leur apprennent point inſenſiblement à diſcerner les alimens, à diſtinguer le lait de l'eau, la bouillie du pain, &c. & c'eſt là, je penſe, ce que vous appellez la ſeconde éducation, par laquelle on commence à former l'imagination des enfans.

Le Docteur. On ne peut penſer plus juſte. Ces enfans auroient donc reçu déja deux ſortes d'éducations; & par conſéquent ce ne ſeroit point ſans le ſecours d'aucune inſtruction, qu'ils apprendroient à ſe former petit à petit un langage ou intérieur ou extérieur. C'en eſt aſſez, ce ſemble, pour que nous nous formions une idée diſtincte & de l'éducation qui regarde la vie animale, & de celle par laquelle on forme inſenſiblement l'imagination. La premiere conſiſte principalement dans des actions, des ſervices (*a*), des

(*a*) A ces ſervices néceſſaires nous pouvons joindre les exemples des autres hommes & les opérations même des bêtes. Tout cela eſt une eſpéce d'éducation muette, mais éloquente, qui frapant les ſens, ouvre l'eſprit & l'éclaire. En effet

ſecours, qui ne laiſſent pas de faire impreſſion ſur les organes des ſens, leſquels par ce moyen ſe forment, ſe dévelopent, ſe fortifient, & ſe rendent plus ſouples, plus déliés & plus agiles. Et c'eſt ici un point digne d'attention, par rapport à la maniere dont nos organes peuvent ſe perfectionner. La ſeconde éducation au contraire conſiſte à donner certains noms aux choſes qu'on préſente aux enfans. On leur dit, par exemple : Voilà du lait, voilà de la bouillie, voilà du feu, &c. Ces enfans s'accoutument peu à peu à prononcer ces mots, & encore bien d'autres, qu'on applique aux objets qui leur ſont préſentés. Mais parce qu'ils ne ſont point encore capables d'avoir des idées juſtes de ce que ces noms ſignifient, ils ne ſe forment que des images confuſes, vagues & indéterminées. C'eſt pourquoi je dis, qu'on ne parle encore ici qu'à leur imagination. Vous ſçavez, Monſieur, qu'on appelle imagination cette puiſſance par laquelle l'ame ſe forme des images groſſieres des objets ſenſibles ; au lieu que l'eſprit, lorſqu'il fait uſage de ſon intelligence, conçoit des idées ſpirituelles, des vérités abſtraites, des principes généraux, qui ne peuvent nul-

de combien de connoiſſances ne ſommes-nous pas redevables à l'inſtinct naturel des animaux, ou plutôt à la Providence, qui ſe ſert de toutes ſortes de moyens pour inſtruire l'homme ?

lement tomber ſous les ſens. Par exemple ; *la penſée eſt un langage intérieur ; la réflexion eſt un retour de l'ame ſur ſes premieres penſées ; il y a un Dieu Créateur ; la vertu eſt aimable, le vice eſt digne d'horreur*, &c.

L'Abbé. Je ne puis que ſouſcrire à ces réflexions qui me paroiſſent fort juſtes. Mais il me reſte une difficulté. Vous venez de dire que ces enfans *ne ſont point capables d'avoir des idées juſtes de ce que ſignifient les noms* qu'on applique aux choſes qu'on leur montre, qu'ils voient, qu'ils touchent, qu'ils goûtent, &c. Je n'entens pas cela clairement.

Le Docteur. Cette difficulté s'évanouira bientôt. Répondez-moi franchement : quand vous étiez bien jeune, & qu'on vous diſoit, *Voilà votre pere*, ou *votre mere* ; conceviez-vous toute la ſignification de ces termes ?

L'Abbé. Toute la ſignification ? .... vraiment non : mais je ne ſuis pas le ſeul dans le cas. Un de mes amis, homme d'eſprit, & fort ſçavant, m'avoua hier ingénument qu'à l'âge de ſeize ans, & étudiant actuellement en Philoſophie, il étoit très-perſuadé que tous les hommes étoient créés immédiatement comme Adam ; & qu'il n'a penſé à la création médiate, que quand il a médité attentivement le Traité de l'Ame.

Le Docteur. Vous répondez donc vous-même à votre difficulté. Autre choſe eſt d'entendre un mot, de le proférer & de l'appliquer

pliquer à un objet que l'on voit ; & autre chose d'en concevoir toute la signification, de s'en former une idée juste, & de bien sçavoir ce qu'est l'objet désigné par ce mot : surquoi je vous prie de faire une petite réflexion : Que deviendroit pour nous la loi naturelle qui regarde nos pere & mere, si l'on ne nous avoit jamais appris ce que nous sont les auteurs de nos jours ?

L'Abbé Cette loi seroit à notre égard comme si elle n'existoit point du tout : mais aussi cette réflexion appuie bien votre sentiment touchant la loi naturelle. Maintenant, Monsieur, je comprens parfaitement vos trois espéces d'éducation. J'instruis un enfant quant à la vie animale, lorsque je le nourris, & que, par ce service absolument nécessaire, je lui apprens à discerner les alimens qui lui conviennent. Je parle à son imagination, ou je commence à la former, lorsque je lui parle ; & qu'en lui montrant différens objets, j'y applique un nom qu'il tâche de répéter en bégayant, mais dont il ne comprend pas la juste signification. Enfin je parle à sa Raison naissante ou à son intelligence, lorsque je lui dévelope peu à peu ce que signifient ces mots, que je lui communique des idées simples, des principes aisés à entendre, des vérités que sent & saisit un esprit qui commence à s'ouvrir. Me trompé-je en expliquant ainsi vos pensées ?

Le Docteur. Non, Monfieur, vous ne vous trompez pas : c'eft là précifément ce que j'ai prétendu. Mais puifqu'on ne peut démontrer les idées innées, & qu'on peut encore moins prouver que fans aucun fecours extérieur notre ame pourroit acquérir toutes les connoiffances qui forment fa Raifon, je n'ai pas eu tort d'avancer que, felon les loix ordinaires de la Providence, notre Raifon particuliere ne fe forme que par le moyen de l'éducation : éducation à laquelle fert principalement le fens de l'ouie.

L'Abbé. Pourquoi donnez-vous cette préférence à l'oreille fur l'œil ?

Le Docteur. N'y avez-vous point encore fait attention ? Un aveugle-né ne peut connoître ni la lumiere ni les couleurs, il eft vrai : mais, s'il a l'ouie bonne, on pourra lui apprendre tout le refte ; on lui apprendra à parler ; on lui communiquera toutes les idées, toutes les vérités, tous les principes des fciences, & fur tout de la fcience du falut : Au lieu qu'un fourd de naiffance ignorera néceffairement une infinité de chofes : il faudra bien du temps, bien des foins, beaucoup d'adreffe & de patience pour lui apprendre par fignes à former quelques idées des objets fenfibles : mais les vérités abftraites & purement intelligibles, les principes des fciences, les notions diftinctes des vertus & des vices, les lui communiquerat'on aiſément par les yeux ? Il eſt donc évident que, de tous nos ſens, le plus important pour aider à former notre Raiſon, c'eſt le ſens de l'ouie.

L'Abbé. Je ne puis le nier ; & ſi l'on me donnoit l'alternative, & qu'il fallût néceſſairement choiſir l'un ou l'autre, j'aimerois mieux être né aveugle que ſourd.

Le Docteur. Votre choix ſeroit judicieux. Vous convenez donc, Monſieur, que réguliérement parlant c'eſt par le canal des oreilles que nous viennent la plupart des idées propres à former notre Raiſon, & à nous en faciliter l'uſage.

L'Abbé. J'en conviens, & je conçois maintenant qu'il eſt d'une importance infinie de donner de bonne heure aux enfans une éducation ſaine, de leur inſpirer des idées juſtes, de leur inculquer des principes vrais, &c. ; ſans quoi ils ne connoîtront rien que d'une maniere confuſe ; & leur Raiſon, qui s'efforcera de ſe déveloper, percera à peine à travers les ténébres qui la couvriront.

Le Docteur. Une expérience auſſi conſtante que funeſte ne nous apprend que trop que le défaut d'éducation eſt la ſource ordinaire des raiſonnemens louches, & de la ſtupidité brute d'une infinité de gens. Je ne nomme perſonne. Mais vous qui, par état, voyez plus le monde que moi, ne connoiſſez-vous pas bien des hommes qui ſeroient capables de raiſonner juſte s'ils avoient été bien élevés, & qui vous aſſomment par leurs ſottiſes, parce qu'ils ont eu une éducation peu digne de leur naiſſance ?

L'Abbé. Je n'en connois que trop de cette trempe ; & ſi j'avois ſçu plutôt ce que j'apprens aujourd'hui, bien de mes amis n'auroient pas le chagrin d'avoir de vrais badauts dans leurs familles. Mais ceci peut nous conduire aſſez naturellement à la maniere dont notre Raiſon ſe perfectionne.

Le Docteur. Notre Raiſon ſe forme par les idées, les connoiſſances, les vérités intelligibles, les principes généraux qu'on lui imprime inſenſiblement. Et comme notre eſprit par ſon activité naturelle peut aiſément comparer ces idées, combiner ces vérités, tirer des conſéquences de ces principes généraux, il s'enſuit qu'au moyen de la réflexion, de l'étude & de la méditation, il peut facilement acquérir des connoiſſances ultérieures qui étoient comme envelopées dans ces principes univerſels.

L'Abbé. C'eſt apparemment pour cela qu'on a tant fait valoir cette eſpéce d'axiome: *Facile eſt inventis addere* : Il eſt aiſé d'ajouter de nouvelles découvertes à celles qui ont été faites par nos ancêtres.

Le Docteur. Les ſciences ne ſe ſont point perfectionnées autrement. D'abord c'étoient des principes ſimples, des connoiſſances peu détaillées, des vérités encore moins dévelopées. L'esprit de l'homme y a réfléchi, a médité, a approfondi; & par cette étude, ces réflexions, ces méditations, il est venu à bout de porter les sciences jusqu'au point où nous les voyons. Mais nous ne devons pas nous arrêter ici à ce qui regarde les sciences naturelles, la Géométrie, l'Astronomie, l'Optique, &c. Ces sciences & bien d'autres servent à l'homme comme homme, c'est-à-dire à l'homme purement raisonnable; & non point à l'homme comme destiné à connoître son Dieu, à l'adorer, à l'aimer, à le posséder, &c. C'est pourquoi bornons-nous à la Raison qui a pour objet les mœurs. Or, vous le sçavez, les mœurs ou la science morale de l'homme a pour objet Dieu, nous mêmes, & le prochain.

L'Abbé. Vous me rappellez encore à la loi naturelle; car cette loi a pour objet tout ce que vous venez de dire là. N'est-ce point à quoi se réduit tout ce qu'on appelle mal-à-propos idées innées?

Le Docteur. Oui vraiment; c'est l'inclination à recevoir & à former ces idées. Mais ces idées ne sont pas plus innées que la lumiere ne l'est dans les yeux. Je vous rappelle à cette loi. Dans notre premier Entretien nous avons expliqué de quelle maniere elle est gravée dans nos cœurs.

L'Abbé. Je m'en souviens; & j'ai retenu que notre ame, en vertu de sa destination, a reçu du Créateur une impression, un instinct, une inclination, une disposition secrette, ineffaçable & invincible, qui lui fait nécessairement saisir le vrai, approuver l'honnête, & rejetter avec horreur tout ce qui y est contraire.

Le Docteur. Et dès qu'on regarde cet instinct comme ineffaçable & invincible, il est clair qu'il ne nous est pas libre de rejetter le vrai comme tel, ni l'honnête, la vertu, le bien présenté à notre esprit avec leurs couleurs naturelles.

L'Abbé. C'est cette loi qui a été intimée au premier homme : loi dont il a connu toute l'étendue : loi qu'il a communiquée à ses enfans. Et ceux-ci, en faisant usage de leur intelligence, ont pu aisément en comprendre les premiers principes, & tirer les conséquences clairement renfermées dans ces principes, qu'on appelle généraux, parce qu'ils peuvent être appliqués comme une régle générale à une infinité de cas particuliers.

Le Docteur. Oui, Monsieur ; & c'est par l'application de ces principes, que notre Raison se perfectionne & acquiert ce trésor précieux de connoissances, soit spéculatives, soit morales & pratiques, sans lesquelles on ne peut être sage ou parfaitement raisonnable. Mais pour faire cette application d'une maniere juſte, il faut prendre garde à un point bien important. Depuis le péché du premier homme, il s'eſt répandu ſur notre intelligence d'épais nuages excités par la révolte des paſſions tumultueuſes. Quand leur fougue nous agite, nous ne ſommes guéres capables de penſer, de réfléchir, de raiſonner avec juſteſſe.

L'Abbé. Cette vérité eſt appuyée ſur une expérience auſſi déplorable qu'elle eſt générale; & par conſéquent, pour que notre Raiſon puiſſe plus aiſément & plus promptement ſe perfectionner, il eſt infiniment important qu'on nous apprenne dès l'enfance à dompter nos paſſions, à en réprimer toutes les ſaillies, & à devenir parfaitement maîtres de tous nos deſirs déréglés.

Le Docteur. Avez-vous jamais vu un homme modéré, doux, patient & bien maître de ſon cœur, raiſonner comme raiſonnent nos prétendus beaux eſprits?

L'Abbé. Non aſſurément; & je ne croirai jamais que ceux qui veulent paſſer pour eſprits-forts, en ſecouant le joug de la Religion & de la Raiſon, ſe ſoient bien affranchis de la tyrannie de leurs paſſions. Mais fuſſent-ils exempts de certains vices honteux, le ſeul orgueil ne ſeroit-il pas capable de les aveugler?

Le Docteur. Concluons qu'il eſt bien rare de trouver une Raiſon pure, ſaine & parfaite dans la plupart des hommes. Une éducation groſſiere, ou purement ſenſuelle ; de faux préjugés inſpirés, ou par des nourrices ignorantes, ou par des parens peu attentifs ; des exemples pernicieux qui font infiniment d'impreſſion ſur une imagination toute neuve ; une indulgence mal entendue qui lâche la bride aux premiers mouvemens des paſſions naiſſantes : tout cela fait qu'on s'imprime des idées fauſſes, des principes erronés, des maximes dangereuſes. O ! qu'il en coûte plus tard pour effacer entiérement ces premieres impreſſions, & pour y ſubſtituer les vraies, les juſtes idées de la véritable Raiſon ! Quelles graces n'ont point à rendre à Dieu tous ceux qui ont eu le bonheur d'avoir des parens ſemblables à Tobie, ou à la mere des Machabées !

Mais en voilà aſſez, ſi je ne me trompe. Nous ſçavons de quelle maniere notre Raiſon particuliere ſe forme, ſe dévelope, ſe perfectionne. Il nous reſte à voir quelles ſont ſes juſtes bornes, & ce qu'elle peut connoître d'une maniere évidente, ou ce qu'elle peut comprendre.

L'Abbé. Je crains de vous laſſer, Monſieur. Il eſt bon que vous preniez un peu de relâche. Vous m'avez mis ſur le bon ton : permettez-moi d'aller méditer chez moi le troiſiéme point que nous devons examiner.

Je

Je viendrai vous rendre compte de mes méditations le jour qu'il vous plaira de m'assigner.

Le Docteur. Je vous attendrai samedi de grand matin, si vous voulez choisir ce jour là.

L'Abbé. Je n'ai garde de manquer à un rendez-vous si agréable.

III. ENTRETIEN.

Quelles sont les bornes de notre Raison ?

Le Docteur. JE ne reconnois pas votre exactitude : il y a une heure que je vous attens.

L'Abbé. Je vous demande pardon, Monsieur. J'ai été arrêté par une visite sérieuse. Un Officier qui a des doutes salutaires, & qui desire de se mettre au fait de la Religion Catholique, m'a entretenu fort longtemps.

Le Docteur. Nos Entretiens ne vous seront pas inutiles : ils portent coup, & contre les Sectaires, & contre les Déïstes. Vous sçavez que les uns & les autres font également valoir la Raison prétendue contre l'autorité, ou plutôt contre la vraie Raison.

L'Abbé. Je lui ai demandé s'il ſçavoit bien ce que c'eſt que la Raiſon ; & il m'a prié de lui donner du temps pour y penſer.

Le Docteur. En attendant qu'il réfléchiſſe, achevons l'examen que nous avons commencé.

L'Abbé. Le principal eſt fait. Nous connoiſſons la Raiſon : nous ſçavons, & où elle ſe trouve ; & comment notre Raiſon particuliere, qui ne peut être juſte qu'autant qu'elle eſt conforme à la Raiſon générale, doit réguliérement ſe former & ſe perfectionner. Pour ce qui regarde ſes bornes, il nous ſera aiſé, je penſe, de les déterminer.

Le Docteur. Vous les connoiſſez donc ces bornes ? Parlez, je vous écouterai avec un vrai plaiſir.

L'Abbé. Je vous avois promis de bien méditer cette matiere : je l'ai fait pendant deux jours ; & après mille réflexions, j'ai conclu que, pour voir clair dans cette troiſiéme diſſertation, il falloit diſtinguer nos connoiſſances en trois claſſes. La premiere regarde la Métaphyſique ; la ſeconde, la Phyſique ; & la troiſiéme, la Foi proprement dite.

Le Docteur. Vous avez bien médité, Monſieur : & ſûrement vous avez éprouvé que, pour peu qu'on réfléchiſſe, la Raiſon ſe perfectionne inſenſiblement ; & qu'à l'aide de certains principes bien compris, on peut aller beaucoup plus loin. Vous avez deviné ce que j'allois vous dire.

L'Abbé. Je suis charmé de ne m'être pas écarté de vos idées. Je vais continuer, & commencer par la Métaphysique. Rien n'est maintenant plus commun que ce terme : mais bien des gens ne l'entendent gueres. Il ne signifie pourtant rien autre chose que la science des premieres vérités en tout genre de connoissances ; & j'ose assûrer que, par rapport à cette science, notre Raison n'a presque point de bornes.

Le Docteur. Voilà une assertion bien hardie. J'en attens la preuve.

L'Abbé. Elle est toute simple. Il y a un nombre presque infini de vérités métaphysiques, soit de spéculation, soit de pratique : car la Morale est autant du ressort de la Métaphysique que toutes les autres sciences. Je choisis quelques-unes de ces premieres vérités; & en les dévelopant, on verra qu'elles conduisent notre esprit infiniment loin. Par exemple, voici des vérités métaphysiques : *Il n'y a point d'effet sans cause. Dans l'enchaînement des causes, il faut qu'il y ait une cause premiere. L'Etre Eternel est immuable. L'Etre parfaitement un est parfaitement indivisible. L'Etre parfaitement indivisible ne peut cesser d'être que par anéantissement. L'Etre créé tient du Créateur tout ce qu'il a. La même chose ne peut pas être & n'être pas en même temps. Deux choses égales à une troisiéme sont égales entre elles. Tout ce qui n'est pas Régle par soi-même, doit avoir sa Régle hors de soi. Rien n'est juste qu'autant qu'il est conforme à sa Regle. L'Etre infiniment vrai ne peut ni être trompé ni tromper. Le vrai bien est l'objet de notre amour, & le vrai mal l'objet de notre haine. Nous ne devons faire à autrui que ce que nous voulons qu'on nous fasse*, &c. Ne puis-je pas faire une infinité de propositions aussi évidentes, & dont on peut tirer à l'infini des conclusions légitimes & vraies ?

Le Docteur. Que sera-ce donc, si vous examinez les premieres vérités de toutes les sciences, de la Géométrie, de l'Astronomie, de la Morale ? &c.

L'Abbé. Vous convenez donc, Monsieur, que notre Raison n'a presque point de bornes par rapport à ces premieres vérités, & aux conséquences qu'on peut en tirer ?

Le Docteur. J'en conviens, & j'ajoute que c'est pour cela qu'ayant tous ces premiers principes bien imprimés dans notre esprit, nous pouvons par la réflexion & par l'étude perfectionner aisément notre Raison, pourvu que les passions ou le libertinage d'esprit n'aveugle pas notre entendement jusqu'au point qu'il ne sente plus l'évidence de ces premiers principes.

L'Abbé. Que dites-vous là, Monsieur ? Y auroit-il quelqu'un qui fût capable de ne sen-

Le Biblioth. Comment donc l'accorder avec lui-même, lorſqu'il prétend que l'infaillibilité de l'Egliſe ne ſeroit d'aucune utilité ?

Le Docteur. Que vous êtes bon de croire que Bayle ſoit incapable de ſe contredire ! Ne vous ſouvenez-vous pas que je vous ai fait remarquer déja une contradiction étonnante, au ſujet de l'eſprit particulier ? C'eſt le propre de l'erreur, de l'iniquité, de l'impiété, de ſe démentir elle-même : *Mentita eſt iniquitas ſibi.* Oui, Bayle ſe contredit ici encore. Il avance (*a*) qu'il ne trouveroit *rien de plus commode que de pouvoir conſulter ſur tous ſes doutes un Oracle vivant, qui lui dît au vrai l'intention du S. Eſprit, ſans ſe méprendre.* Et à la page ſuivante il dit, que *l'infaillibilité ne ſerviroit de rien, ſi chaque Particulier n'étoit infaillible.* C'eſt la note marginale, qui eſt le précis de ſon raiſonnement. Un Tribunal infaillible très-commode pour Bayle, qui ſans doute n'oſeroit ſe vanter d'avoir reçu le privilége de l'infaillibilité ; & néanmoins inutile, à moins que chaque Particulier ne ſoit infaillible. Je vous avoue que c'eſt là une énigme, que je ne ſçaurois développer, & que le ſeul Bayle eſt capable de comprendre.

L'infaillibilité de l'Egliſe ſeroit pour moi un avantage très-conſidérable, quoique je ne ſois pas moi-même infaillible ; & cependant elle ne me ſerviroit de rien, ſi je n'étois

(a) *Hic ubi ſuprà, lett. 29. pag. 139.*

moi-même infaillible! N'eſt-ce pas là une contradiction bien ſenſible? Mais paſſons lui cette bévue, & voyons s'il prouve bien la ſeconde propoſition, qu'il oſe regarder comme une des plus fortes preuves contre l'infaillibilité. Liſez, s'il vous plaît, ce texte, n. XII.

Le Biblioth. lit: „Je regarde que le principal fruit de ce Tribunal ſeroit ſans doute „ de produire une ferme Foi dans l'ame de „ chaque fidéle, en lui fourniſſant un principe „ inébranlable de certitude. Chacun ſeroit „ aſſuré de croire les vérités que Dieu nous „ a révélées, & non pas ce qu'un Docteur s'i„ magine que Dieu nous a révélé, ou ce qu'il „ croit découvrir lui-même dans la parole de „ Dieu. Cela ne ſeroit pas peu conſidérable, „ il en faut tomber d'accord. Mais d'ailleurs, „ ſi nous avons beſoin de ce Tribunal, afin „ d'avoir une parfaite certitude de Foi, il s'en„ ſuit que nous avons beſoin auſſi nous-mê„ mes d'être infaillibles, ou d'être du moins „ inſtruits par des Curés infaillibles. Car, s'il „ eſt néceſſaire, pour avoir une vraie certi„ tude de Foi, de connoître que ce que l'on „ croit a été décidé par un Juge inſpiré du „ S. Eſprit, il n'y a point de bon Catholique „ qui ne doive connoître, que ce qu'il croit „ eſt contenu dans les Saints Canons. Je de„ mande comment il connoît cela. Eſt-ce „ parce qu'il a lu lui-même les Conciles?“

Le Docteur. N'allez pas plus loin. La patience m'échape ; & peu s'en faut que la juſte indignation ne m'engage à employer contre Bayle les violentes invectives de Bayle contre l'extravagant Jurieu.

La belle alternative! *ou d'être du moins instruits par des Curés infaillibles !* Eh ! ſi l'infaillibilité de l'Egliſe ne ſerviroit de rien, à moins que chaque Fidéle ne fût infaillible, de quoi ſerviroit celle des Curés, ſi chaque Paroiſſien n'étoit infaillible ? Bayle oublioit ſûrement qu'il devoit un jour paſſer pour le plus grand Philoſophe de ſon ſiécle, lorſqu'il raiſonnoit de la ſorte. Ainſi rayons cette alternative. Elle ne ſignifie rien ; ou elle prouve, que ni les Curés, ni les fidéles, ne doivent point être infaillibles, pour que l'infaillibilité de l'Egliſe ſerve à quelque choſe. Car ſi l'infaillibilité de l'Egliſe ne peut ſervir de rien lorſque chaque fidéle n'a pas le même privilége, celle des Curés ſera auſſi inutile, à moins que tous les Paroiſſiens n'ayent auſſi le don de l'infaillibilité. Quand Bayle reviendroit au monde avec infiniment plus d'eſprit qu'il n'en a eu, il ne viendroit point à bout de juſtifier cette alternative peu meſurée.

Le Biblioth. Je ſens bien qu'en cela il n'a point meſuré ſes expreſſions. Mais, de grace, montrez-moi bien qu'il a tort dans le fond ; & mettez-moi en état de prouver à d'autres que ſon raiſonnement n'a point de force.

Le Docteur. Sa grande preuve, c'est que, dans la supposition dont il s'agit, *il n'y a point de bon Catholique qui ne doive connoître que ce qu'il croit, est contenu dans les saints Canons.* Pitoyable équivoque, qui est tout-à-fait indigne d'un Philosophe! Qu'entend-il par ces mots, *qui ne doive connoître?* Veut-il précisément que chaque fidéle doive croire avec une vraie certitude de foi, que tout ce que l'Eglise décide est conforme à la révélation? Nous sommes d'accord. C'est la foi du Charbonnier, que nous recommandons tant à tous les fidéles. Mais il est évident qu'il prétend autre chose, & qu'il veut qu'un fidéle connoisse, par son propre examen, que la décision est contenue dans les saints Canons. C'est ce que prouve ce long verbiage, où, par bien des figures de Rhétorique, il exagere les terribles difficultés de cet examen, l'incertitude touchant l'orthodoxie des Curés, des Evêques, des Conciles même Nationaux, sur le nombre de Couriers qu'il faudroit envoyer & recevoir avant que d'être assuré de ce qu'auroit décidé ou Rome ou le Concile, &c. Mais que d'éloquence employée à pure perte! Se trouvera-t'il un Théologien, même novice, qui lui avoue cette conséquence? *Un Tribunal infaillible a décidé tel point de Doctrine: donc, pour avoir une vraie certitude de foi, il faut que je connoisse par moi-même que ce point eſt contenu dans les ſaints Canons ?* Conſéquence auſſi éloignée du principe, que le Ciel l'eſt de la terre ; conſéquence dont le plus mince Philoſophe devroit avoir honte, & que Bayle déſavoueroit peut-être, s'il revenoit au monde, & qu'il vînt à lire ces légeres réflexions. En effet, la ſeule conſéquence légitime qu'on puiſſe tirer de cette propoſition, *l'Egliſe infaillible a décidé tel point de Doctrine ;* nous ne pouvons donc douter que ce point ne ſoit bien décidé, & que la déciſion ne ſoit conforme à la révélation. Autrement il faudroit dire que l'infaillibilité de Jeſus-Chriſt même n'auroit ſervi de rien ſur la terre, à moins que tous ceux qui l'écoutoient, & qui l'ont ſuivie, n'euſſent reçu le privilége de l'infaillibilité. Les Apôtres n'étoient-ils pas infaillibles ? Les Proteſtans ſont obligés d'en convenir, comme Bayle lui-même l'avoue (*a*) expreſſément. Or, je vous le demande, tous les particuliers qu'ils ont convertis au Chriſtianiſme avoient-ils auſſi le don d'infaillibilité ? Je ne crois pas que Bayle lui-même oſât l'avancer. Donc l'infaillibilité des Apôtres & de J. C. étoit inutile, ne pouvoit *ſervir de rien, & impliquoit même contradiction.* Quel Chrétien peut, ſans frémir, entendre un ſi horrible blaſphême ? C'eſt pourtant la conſéquence qui ſuit naturellement des principes & des raiſonnemens

(a) *Suppl. du Comm. Philoſ. pag.* 522.

de Bayle. Concluons donc que ce grand Philosophe s'est oublié ici, comme en bien d'autres circonstances ; & que son raisonnement étant aussi faux qu'il l'est, on doit en revenir aux principes simples & intelligibles des Catholiques, que, supposé l'infaillibilité d'une Eglise éternellement visible, chaque particulier, pour être sûr de sa foi, n'a besoin que d'un examen bien court, bien aisé, & qui est à la portée de tout le monde. C'est de voir & de s'assurer si cette Eglise, ce Juge infaillible, cet Oracle vivant & permanent, a parlé & porté des décisions : ce qui sûrement ne demande pas de longues discussions. Les Evêques Catholiques ne manquent jamais d'instruire les fidéles des décisions de l'Eglise ; & les Hérétiques mêmes servent à les constater, par l'horrible emportement avec lequel ils se déchaînent contre ces décisions respectables. Tout homme raisonnable sentira ceci à merveille, & conclura sans peine avec nous, que Bayle insulte, je ne dis pas à un lecteur Philosophique, mais même à tout lecteur de bon sens, lorsqu'il ajoute : (*a*) » De tout cela on peut conclure, que, de la » maniere que les hommes sont faits, il implique contradiction que Dieu ait établi » un Tribunal infaillible dans l'Eglise, comme un moyen nécessaire à la certitude de » la foi. D'où il s'ensuit que c'est par le dis-

(a) *Lett. 29. pag.* 141.

cernement que Dieu nous fait faire de sa « vérité, en lisant ou en écoutant sa parole, « que nous sommes assurés d'être fidéles. «

Le Biblioth. Que dit-il là, *que nous sommes assurés d'être fidéles?* Ne m'avez-vous pas fait voir qu'il dit tout le contraire ailleurs; & que ce seroit *sans nulle raisonnable certitude, & témérairement*, qu'un particulier s'imagineroit qu'il est dirigé vers la vérité *par la grace de l'acte.*

Le Docteur. Je vous sçais bon gré de cette attention. Vous commencez à profiter de nos Entretiens, & à rapprocher Bayle de Bayle même. Pour peu qu'on le confronte avec lui-même, on le surprendra souvent en de pareilles contradictions. Mais peu lui importe, pourvu qu'il vienne à bout de faire illusion aux lecteurs peu circonspects, ou qui cherchent à s'entretenir dans leurs doutes. Etes-vous pleinement satisfait sur ce point?

Le Biblioth. Je ne sçaurois desirer rien de plus. Mais, si je ne me trompe, il reste encore une difficulté à résoudre. C'est qu'il prétend *que la Providence a permis que l'on pût reconnoître à tant de marques sensibles, que l'Eglise Romaine n'a point le privilége dont elle se vante*, qu'il regarde les Catholiques comme aveugles & inexcusables.

Le Docteur. Oui, c'est là son dernier raisonnement contre ce point fondamental de notre Religion ; & il y montre autant de hardiesse & de mauvaise-foi, que dans toutes les misérables chicanes que je viens de réfuter. Ayons la patience de l'entendre encore parler lui-même : (*a*) » Pour une dispensation comme celle où nous vivons, » mêlée d'ombres & de lumiere, il semble » que Dieu ne pouvoit pas confondre plus » sensiblement l'orgueil de ces prétendus in- » faillibles, qu'en permettant, comme il a fait, » 1°. Qu'il y ait eu des Papes & des Conci- » les qui ont erré, même dans des points » de Doctrine très-importans. 2°. Que les » Papes & les Conciles ayent changé & cassé » les uns ce qui avoit été ordonné par les » autres. 3°. Que, malgré la politique que » l'on a dans l'Eglise, qui se vante de ne pou- » voir errer, de bien garder le *decorum*, on » ait mille fois mis en dispute, & soumis à » un nouvel examen, les questions déja déci- » dées. 4°. Que l'on entende tous les jours » dans les Parlemens plusieurs violentes in- » vectives contre les prétentions de la Cour » de Rome, que l'on voie flétrir les Bulles » qui viennent de ces pays-là, « &c. Je m'arrête ici : je ne puis tenir davantage contre un raisonnement de cette force : Les Parlemens crient contre Rome : donc Dieu nous donne en cela une marque sensible que l'Eglise Romaine n'est pas infaillible. Est-ce

(a) *Hic*, *pag*. 141.

pour les croire, & non pas pour les comprendre; comme nous comprenons ces vérités si simples : *Le tout est plus grand que sa partie : Deux fois deux font quatre : Deux choses égales à une troisiéme, sont égales entre elles, &c.*

Le Docteur. Vous débrouillez cela tout au mieux. Oui, les mysteres de la Foi sont les objets de notre intelligence éclairée par la révélation : mais quelque lumiere qu'elle en reçoive, elle ne peut faire autre chose que de les croire simplement comme souverainement certains ; & elle sera accablée sous le poids de la gloire du Très-Haut, si elle s'efforce de les comprendre ou de les connoître d'une maniere claire & intuitive. Ainsi, comme dans l'ordre naturel nous sommes sûrs qu'il y a des Etres corporels & des Etres pensans ou spirituels, sans que nous puissions jamais en connoître la nature réelle, physique & intime ; de même, dans l'ordre surnaturel ou de la Foi proprement dite, nous sommes sûrs de la vérité ou de l'existence des mysteres révélés, quoiqu'il nous soit impossible de concevoir en quoi consiste leur essence.

L'Abbé. Nous voici à un point, qui m'a toujours arrêté. Notre Raison doit entrer pour quelque chose dans ce qui regarde la Foi : Et elle doit se taire, se soumettre aveuglement lorsqu'il s'agit des mysteres de la Foi. Nous devons être sûrs que ces myſteres ſont vrais, quoique nous ne les concevions pas. Mais ſi nous ne les concevons pas, comment ſommes nous sûrs qu'ils ſont vrais ? Et ſi nous ſommes sûrs de leur réalité, de leur vérité, comment ſe peut-il faire que nous ne les concevions pas ? C'eſt à vous, Monſieur, à développer une bonne fois cette difficulté, que vous avez méditée ſi long-temps.

Le Docteur. Il faut reprendre ici les choſes de plus haut. Commençons par l'exiſtence des choſes naturelles, dont vous avouez que nous ne connoiſſons nullement la nature intime. Vous êtes bien sûr que ces choſes exiſtent : mais comment en êtes-vous sûr, ſi vous ne connoiſſez point leur eſſence ?

L'Abbé. Je vois bien que vous allez me répondre, par rapport aux myſteres de la Foi, ce que je vous répondrai touchant l'exiſtence des choſes naturelles.

Le Docteur. Répondez toujours à ma queſtion. J'aurai ſoin d'appliquer enſuite votre réponſe.

L'Abbé. Vous m'avez démontré autrefois, & je m'en ſouviens bien à propos, que ſi j'étois ſeul, que je ne fuſſe qu'un Etre penſant, que je n'euſſe ni corps, ni ſens corporels, & qu'il n'y eût rien du tout hors de moi, mon Créateur me tromperoît étrangement ; ſuppoſé les impreſſions vives, conſtantes & uniformes, que j'éprouve, & qui me portent invinciblement à juger que j'ai un corps & des ſens, qu'il y a d'autres Etres que moi, &c. Que mon Créateur fût un trompeur dans ce cas, la choſe ſaute aux yeux : Car ce premier jugement n'eſt pas libre. Donc, s'il étoit faux, mon erreur ne pourroit m'être imputée ; mais je devrois l'imputer au ſeul Auteur de ces impreſſions, qui, eu égard à la diſpoſition de mon entendement, me forceroient à juger qu'il y a hors de moi des Etres, qu'on appelle les cieux, la terre, les plantes, les animaux, &c.

Le Docteur. Mais comment prouverez-vous que ce premier jugement n'eſt pas libre ?

L'Abbé. Je n'ai point oublié votre preuve. Nous n'avons de liberté dans nos opérations ſpirituelles, qu'autant que nous pouvons réfléchir avant que d'agir. Auſſi tous les Théologiens conviennent-ils que certains premiers mouvemens des paſſions ne ſont nullement libres. Or il eſt impoſſible qu'il intervienne aucune réflexion dans le premier jugement dont il s'agit. Il n'eſt donc aucunement libre.

Le Docteur. Cette preuve ſeroit invincible, ſi ce premier jugement ne renfermoit pas virtuellement une réflexion formelle ſur lui-même.

L'Abbé. Cette chicane ne m'embarrasse guéres. Oui, j'avoue que tout jugement est équivalemment une espece de réflexion en ce sens, qu'il est impossible que l'ame sente, pense, juge, sans qu'elle le sçache & sans qu'elle se dise imperceptiblement qu'elle sent, qu'elle pense, qu'elle juge: C'est là une propriété inséparable de toutes les opérations de notre esprit; & il ne lui est pas plus libre de ne se le dire pas, qu'il ne lui est libre de le sentir ou de ne le sentir pas. Ce n'est donc point de cette espéce de réflexion virtuelle & nécessaire qu'il est question, lorsqu'on parle de la puissance de réfléchir essentiellement requise pour une vraie liberté. Cette réflexion proprement dite est une seconde pensée, un second jugement, qui a pour objèt le premier; & par lequel l'ame approuve ou désapprouve sa premiere pensée comme vraie, ou comme fausse, ou comme douteuse. Pour cela il faut bien des examens & bien des réflexions. Or, comme il est impossible que le premier jugement soit un second jugement distingué de lui-même, il ne se peut faire qu'il renferme même virtuellement une réflexion proprement dite & libre. D'où il suit que ce premier jugement est, par rapport à l'ame, aussi nécessaire que le mouvement du cœur & que la circulation du sang.

Le Docteur. Fort bien. Mais vous ſuppoſez que ce jugement eſt la premiere opération de l'eſprit, qui penſe actuellement; comme la ſaillie inopinée d'une paſſion eſt le premier mouvement de l'ame qui ſent une impreſſion ou agréable ou déſagréable.

L'Abbé. Je le ſuppoſe d'après vous : & je trouve vos preuves invincibles. Quand en Logique on dit que la premiere opération de l'ame eſt une appréhenſion ſimple, ou la repréſentation d'une idée, ſans rien affirmer ou nier, on n'enviſage alors que les opérations de l'ame par rapport aux objets diſtingués de ſes opérations intérieures. Mais ici il s'agit de ſes opérations intimes & vitales, par leſquelles notre eſprit ſçait qu'il ſent, qu'il voit, qu'il entend, &c. Or il eſt impoſſible que notre eſprit ſe repréſente l'idée ſimple attachée au mot, *animal*, par exemple, ſans que préalablement il entende ou liſe ce mot : Et il ne peut entendre ou lire ce mot, ſans qu'il ſe diſe imperceptiblement & néceſſairement qu'il l'entend ou qu'il le lit : C'eſt ce que nous pouvons appeller un jugement ſimple & direct : Jugement preſque imperceptible, mais que l'ame forme ſans aucune liberté. Et par conſéquent, ſi ce premier jugement étoit faux, notre ame ſeroit trompée ſans qu'il lui fût possible d'éviter cetre erreur, puisqu'elle est nécessitée à porter ce premier jugement, en se disant à elle-même, *j'entens, je lis, &c.* Qui est-ce donc qui la tromperoit dans ce cas ? Ce seroit assûrément le Créateur, puisque lui seul seroit l'auteur de ces impressions vives & constantes, qui forceroient cette ame à juger par un jugement simple & direct qu'il y auroit quelque chose hors d'elle, quoiqu'il n'y eût rien du tout qu'elle & Dieu. Mais n'est-il pas impossible que Dieu soit l'auteur d'une tromperie si générale & si inévitable ? N'est-il pas aussi essentiel à l'Etre souverainement parfait de ne vouloir pas tromper, qu'il lui est essentiel de ne pouvoir être trompé ? C'est là, je pense, un des premiers principes de la Raison saine & générale. Il est donc impossible que ces premiers jugemens soient faux : Il faut donc nécessairement qu'ils soient vrais. Ils ne peuvent être vrais, à moins que leurs objets n'existent réellement. Et par conséquent, en vertu de la véracité souveraine du Créateur bien connue, il est souverainement sûr qu'il y a d'autres Etres que mon ame ; & je suis souverainement certain que j'ai des sens, des yeux, des oreilles, un corps, & qu'il existe d'autres hommes que moi, des animaux, des plantes, un ciel, une terre, &c.

Le Docteur. Ces vérités sont mises dans le plus beau jour. Mais vous en conclurez que Mallebranche a eu grand tort d'avancer qu'*il n'y a que la Foi qui puisse nous convaincre qu'il y a effectivement des corps.*

L'Abbé. Apparemment c'est en Dieu qu'il a vu ce beau principe. Mais vous en avez demontré (*a*) ailleurs l'absurdité.

Le Docteur. Vous conclurez encore qu'il n'y a rien de moins raisonnable que la hardiesse avec laquelle un prétendu Philosophe soutient que *la Raison ne nous fournit aucune preuve de l'existence de la matiere, & par conséquent de l'existence des corps.*

L'Abbé. Qui est cet Auteur, ou Mallebranchiste, ou Pyrrhonien?

Le Docteur. Je ne le connois pas : je connois seulement son ouvrage, qui a pour titre, *Histoire Critique de la Philosophie*, &c. à Amsterdam, 1741 : & c'est au Tome second, page 317, que ce judicieux Critique hazarde cette proposition insoutenable. Mais la preuve, dont il l'étaye, est des plus curieuses. Il ajoute : *Quand rien n'existeroit dans la nature, ce Moi pourroit avoir les mêmes modifications, pourroit sentir de la douleur ou de la joie : & en cela Dieu*

(a) *La vérit. Relig. dissertat. préliminaire.*

ne me feroit aucun outrage, ni aucune injure, puiſqu'il ne me doit rien. .....

L'Abbé. Non, dans la rigueur, Dieu *ne me doit rien.* Mais ne ſe doit-il rien à lui-même? ne lui eſt-il pas eſſentiel d'être ſouverainement ſage, bon & vrai? & ſeroit-il ſouverainement vrai, ou incapable de tromper ſa Créature, s'il étoit lui-même la cauſe immédiate de *ces modifications*, qui me forceroient à croire qu'il y a hors de moi d'autres Etres, lorſqu'il n'exiſteroit rien du tout que lui & que moi Etre penſant? Cet Auteur, s'il n'eſt pas un bon Pyrrhonien, eſt aſſûrément un très-mauvais Philoſophe.

Le Docteur. On ne peut le réfuter avec plus de préciſion. Mais il y en a un autre à tourner en ridicule. C'eſt Mr. V.... auteur des Lettres philoſophiques. Vous vous ſouvenez ſans doute de ſa maxime favorite : *Je ſuis corps, & je penſe : je n'en ſçais pas davantage.*

L'Abbé. Oui, je m'en ſouviens ; & ſon aſſertion m'a toujours paru extravagante au ſouverain dégré. Si ce Poëte errant, qui a tant médité Newton ſans l'entendre, avoit un peu mieux médité les principes ſimples de la ſaine Méthaphyſique, il auroit peut-être pu apprendre d'abord qu'il penſoit, & que par conſéquent il exiſtoit : qu'il n'étoit pas éternel, & qu'ainſi il avoit commencé d'exiſter : qu'il ſentoit des impreſſions, qui le forçoient à penſer qu'il y avoit d'autres Etres que lui ; & que, ſi ces impreſſions le trompoient, ce ſeroit par la faute d'un autre qu'il ſeroit trompé. Ainſi il auroit tâché de raiſonner de la ſorte : Je penſe, donc j'exiſte & je ſuis un Etre penſant : cet Etre penſant, qui eſt Moi, ſent des impreſſions vives, conſtantes & uniformes, qui me néceſſitent à juger que je ne ſuis pas ſeul, qu'il y a bien d'autres Etres que moi : Je puis donc ſçavoir autre choſe que ma penſée & que mon exiſtence, à moins qu'un Etre extérieur ne faſſe ſur moi ces impreſſions pour me tromper, &c. Mais à lui permis de ne ſçavoir que ce qu'il dit qu'il ſçait, & de ne le ſçavoir que comme il le ſçait. Toutes ces réflexions nous menent bien loin, Monſieur, & nous écartent preſque de notre ſujet.

Le Docteur. Point du tout. Vous venez de prouver d'une maniere inconteſtable qu'en vertu de la véracité divine bien connue, nous ſommes ſouverainement ſûrs qu'il y a hors de noas des Etres corporels, quoique leur nature intime nous ſoit parfaitement inconnue. J'applique votre réponſe au point capital de la révélation & des myſteres. Il s'enſuit donc qu'en vertu de la même véracité, nous pouvons être souverainement sûrs que ces mysteres sont vraiment révélés, quoiqu'il nous soit absolument impossible de les comprendre ou de les concevoir. Ainsi, comme notre ignorance touchant la substance physique & intime des Etres créés n'est pas une bonne raison d'en nier l'existence; de même le voile impénétrable, qui nous dérobe la vue des mysteres en eux-mêmes, ne peut être pour nous un juste sujet de révoquer en doute leur réalité.

L'Abbé. Cette application me paroîtroit bien juste, si nous pouvions être aussi sûrs de l'existence de la Révélation, que nous le sommes de l'existence des Etres sensibles. Mais ......

Le Docteur. Voilà un *Mais* qui me paroît bien déplacé. Quoi! la véracité souveraine de Dieu ne peut être appliquée aux motifs de crédibilité qui assûrent l'existence de la Révélation, comme vous l'avez appliquée aux impressions vives & constantes qui vous rapportent l'existence des corps?

L'Abbé. Mais ces impressions vives & constantes, je les sens, je les éprouve, & j'en suis souverainement sûr, en vertu du sentiment intime, qui ne peut me tromper. Car, si ces impressions ne se faisoient pas sur mon esprit, il ne seroit pas possible qu'il les ſentît, qu'il les éprouvât, &c. Mais je ne ſens pas, je n'éprouve pas ces motifs de crédibilité, auſquels vous voudriez appliquer la véracité divine, comme je l'applique à mes impreſſions. Il y a donc bien de la différence entre ces deux cas.

Le Docteur. Voyons ſi cette différence eſt auſſi conſidérable que vous paroiſſez le croire. J'avoue que ces impreſſions vives, conſtantes, uniformes, dont il s'agit, me ſont connues immédiatement par le ſentiment intime; & que je ne connois pas de la même maniere la plupart des motifs de crédibilité dont la Religion eſt appuyée. (Je dis *la plupart*, & je vous dirai bientôt pourquoi.) Mais pour cela les connois-je moins? Entrons dans un petit détail. Les motifs de crédibilité, ou les raiſons de croire, ſont les Prophéties, les miracles de Jeſus-Chriſt & de ſes Apôtres, l'établiſſement de l'Egliſe ſur les ruines de l'Idolâtrie, la conſtance des Héros Chrétiens, la fécondité de leur ſang répandu pour la Foi, la converſion de l'univers opérée par de pauvres pécheurs & par des moyens tout oppoſés aux meſures qu'auroit priſes la Sageſſe humaine, la perpétuité inébranlable de l'Egliſe Chrétienne, malgré les perſécutions, les Héréſies, les Schiſmes, &c. Or, je vous le demande, Monsieur, tout cela n'est-il pas constamment vrai? & n'en sommes-nous pas aussi sûrs que si nous le voyons de nos yeux?

L'Abbé. Ce seroit se dèshonorer de gaieté de cœur, que de nier sérieusement la vérité de tous ces faits.

Le Docteur. Que direz-vous donc, si je vous démontre, que le principal motif de crédibilité nous est aussi immédiatement connu, que les impressions dont nous venons de parler?

L'Abbé. Vous me surprenez infiniment, Monsieur. Quoi! il y auroit un motif de crédibilité, dont je serois aussi immédiatement sûr, que je le suis des impressions mêmes que j'éprouve?

Le Docteur. Oui, Monsieur: & c'est pour cela que tout à l'heure je me suis servi de ce terme, *la plupart*; voulant vous faire sentir qu'il y en a quelques-uns que nous connoissons par nous-mêmes aussi clairement, que nous connoissons les impressions faites par les objets sensibles.

L'Abbé. Il me tarde de voir la preuve de cette espece de paradoxe.

Le Docteur. Croyez-vous les Mysteres de la Trinité & de l'Incarnation?

L'Abbé. Je les crois de tout mon cœur; & je suis sûr que bien d'autres les croient comme moi.

Le Docteur.

Le Docteur. Les comprenez-vous ces Myſteres ?

L'Abbé. Qui pourroit les comprendre ? ils ſont infiniment au-deſſus de la portée de notre intelligence, dont ils paroiſſent même contredire tous les principes.

Le Docteur. Ils ſont parfaitement incompréhenſibles. Et par conſéquent ils ne peuvent jamais avoir été inventés par des hommes. Car les hommes ne peuvent imaginer ce qui eſt infiniment au-deſſus de leur foible Raiſon : ils pourroient encore moins perſuader aux autres des Myſteres, qui révoltent leur entendement. On en eſt pourtant perſuadé ; & on les croit ces Myſteres, juſqu'au point d'être prêt à verſer tout ſon ſang pour en ſoutenir la vérité. Il faut donc que Dieu lui-même les ait fait connoître aux hommes, qui ſans cela n'en auroient jamais eu la premiere idée. D'où je conclus que l'incompréhenſibilité de ces Myſteres eſt un des plus puiſſans motifs de crédibilité : mais motif qui nous eſt appliqué immédiatement, & que nous connoiſſons auſſi évidemment que les impreſſions qui nous annoncent les Etres ſenſibles. Je puis ajouter qu'il y a encore d'autres motifs, que nous touchons, pour ainſi dire, du doigt : l'extinction de l'Idolâtrie, l'établiſſement du Chriſtianiſme, la réprobation, la diſperſion, l'obſtination des Juifs prédites long-temps auparavant dans leurs propres livres, qu'ils portent par tout & qu'ils ne conservent qu'à leur confusion & à la gloire des Chrétiens, &c. Tout cela ne nous eſt-il point parfaitement connu ? Et ſi malgré tout cela, je veux dire ſi malgré l'aſſemblage de tous ces motifs de crédibilité, nous étions trompés touchant l'exiſtence réelle de la Révélation, notre erreur pourroit-elle nous être imputée ? Vous convenez que ce ſeroit Dieu lui-même qui nous tromperoit, s'il étoit l'auteur immédiat des impreſſions qui nous feroient juger qu'il y auroit d'autres Etres que nous, quoiqu'il n'en exiſtât aucun : Vous devez donc convenir auſſi qu'au cas que la Religion révélée ne fût qu'une chimere, ce ſeroit encore Dieu qui nous tromperoit, puiſque lui ſeul ſeroit l'auteur de l'idée que nous avons des Myſteres les plus incompréhenſibles, des prophéties, des miracles, du courage héroïque des Martyrs, du changement prodigieux arrivé dans l'Univers, &c. Et par conſéquent, comme en vertu de la véracité divine appliquée aux impreſſions que nous éprouvons, nous ſommes ſouverainement ſûrs qu'il y a hors de notre ame des Etres ſenſibles ou corporels ; de même, en vertu de cette véracité appliquée aux motifs de crédibilité que nous connoiſſons avec certitude, nous ſommes auſſi ſouverainement ſûrs qu'il y a une Religion révélée ou vraiment divine; parce qu'il nous eſt évident que Dieu ne peut nous tromper, & qu'il nous tromperoit s'il n'avoit pas réellement établi cette Religion, dont tout nous annonce qu'il eſt l'Auteur. Je vous le demande, Monſieur, cette application de votre réponſe vous paroît-elle manquer tout à fait de juſteſſe ?

L'Abbé. J'y trouve toujours quelque différence. Le jugement que je porte en conſéquence des impreſſions vives & conſtantes que j'éprouve, n'eſt nullement libre; c'eſt un jugement ſimple, direct & entiérement néceſſaire; & ma liberté ne pouvant y avoir aucune part, ſi je ſuis trompé, mon erreur en ce cas eſt inévitable. Mais dans le cas de la Religion, le jugement que je forme en conſéquence des motifs de crédibilité connus, eſt un jugement réfléchi & libre; & par conſéquent, s'il eſt faux, mon erreur n'eſt pas néceſſaire. Les deux cas ne ſont donc point ſemblables.

Le Docteur. Je ſuis bien aiſe que vous me propoſiez cette difficulté : elle m'en rappelle une autre qui m'a déja été objectée; ſçavoir, que ſi je ſuis ſouverainement sûr de l'exiſtence de la révélation, mon eſprit ſera néceſſité à croire les myſteres comme vrais, quoiqu'il ne les comprenne pas, & qu'ainſi mon acte de foi ne ſera pas libre. Je ferai évanouir cette difficulté, après avoir répondu à la vôtre.

Oui, Monſieur, dans le premier cas notre jugement ſimple & direct eſt néceſſaire : & dans le ſecond cas notre jugement eſt libre, du moins médiatement. Je m'explique : il y a une liberté immédiate, & une liberté médiate. La premiere ne peut convenir qu'aux actes de la volonté, puiſque la liberté formelle conſiſte dans l'indifférence active que nous avons pour vouloir ou ne vouloir pas. La ſeconde au contraire eſt attribuée à toutes les autres opérations qui, n'étant point formellement libres en elles-mêmes, participent pourtant à la liberté de la volition, dont elles ſont les ſuites ou les effets. Un exemple éclaircira ceci. C'eſt très-librement que ma volonté commande à l'œil de s'ouvrir : l'œil ouvert voit néceſſairement tous les objets qui lui ſont appliqués. Cette viſion eſt néceſſaire par rapport à l'œil qui n'eſt point capable de liberté ; mais elle eſt libre médiatement, à cauſe de la liberté formelle & immédiate de ma volonté qui force l'œil à s'ouvrir & à voir.

L'Abbé. Je conçois cela fort bien. Mais où me conduiſez-vous ?

Le Docteur. Vous l'allez voir. Il en va préciſément de même de notre jugement, touchant l'exiſtence réelle de la révélation. L'entendement est comme l'œil de l'ame ; & dans ses opérations directes, qui sont d'appercevoir le vrai ou le faux, il n'est pas plus libre que l'œil corporel. Mais ma volonté peut commander à mon entendement d'examiner les motifs de crédibilité ; ou pour parler plus simplement & en termes moins scholastiques, mon ame peut par un choix libre s'appliquer à approfondir, à vérifier ces grands motifs, & à en déveloper les justes conséquences. Cet examen, cette étude, ces réflexions sont libres, parce que je m'y attache de mon plein gré & de mon propre choix ; mais le jugement qui s'en ensuivra, sera nécessaire en lui-même, parce que, comme nous l'avons dit en parlant de la loi naturelle, notre esprit est tellement fait, qu'il lui est impossible de rejetter le vrai ou d'adopter le faux, lorsqu'il les apperçoit d'une maniere claire & évidente, comme il est impossible à l'œil sain de voir blanc ce qui est noir. Or, après cet examen libre & bien réfléchi des motifs de crédibilité, il n'est pas possible qu'un esprit bien fait, clair-voyant & juste, n'apperçoive pas clairement ces vérités : *Nous croyons des mysteres incompréhensibles, dont nous n'aurions pu avoir la moindre idée si Dieu ne nous l'avoit pas fait naître. Il y a eu des prophéties bien marquées & parfaitement accomplies. Il s'est fait des miracles véritables & incontestablement avérés, pour appuyer la Religion ou la révélation. Dieu seul peut être l'Auteur des véritables prophéties : il ne peut opérer des miracles en faveur du mensonge ; &c.* Il lui est donc également impossible de n'en tirer pas cette conséquence : *Il y a donc une Religion vraiment divine, ou une révélation réellement existente.* Or, appercevoir ces vérités & cette conséquence, les saisir & acquiescer au vrai, c'est la même chose par rapport à notre entendement qui n'a point la liberté de les rejetter, quoiqu'il y ait été appliqué librement. Mais si ces jugemens étoient faux, quoique libres médiatement, mon erreur pourroit-elle m'être imputée ? Répondez, Monsieur.

L'Abbé. Je vois bien que je me suis laissé trop fraper d'une prétendue différence entre les deux cas. La liberté seulement médiate de ces jugemens ne peut faire que je ne me trompe par ma faute, si je suis réellement trompé. Pour le prouver, je n'ai qu'à rappeller votre comparaison de l'œil. C'est librement que j'ouvre l'œil : c'est nécessairement que cet œil voit ce qui lui est présenté : Mais si, par les prestiges de quelque Génie trompeur, il est tellement fasciné qu'il prenne un buisson pour un homme sans que je puisse découvrir mon erreur, elle doit être uniquement imputée à l'auteur qui fait illusion à mes yeux : cela est hors de doute. Je raisonne de même par rapport à l'entendement, qui est l'œil de l'ame : C'est avec une parfaite liberté qu'elle l'applique à examiner les grands motifs de crédibilité : c'est nécessairement que cet entendement voit que ces motifs lui annoncent avec évidence une Religion révélée. Si la révélation n'existe pas, il est trompé ; mais son erreur ne peut lui être imputée, & elle doit être sur le compte de l'auteur de notre entendement & des apparences trompeuses qui lui présenteroient le faux pour le vrai, sans qu'il pût jamais découvrir cette supercherie.

Le Docteur. Vous avez parfaitement saisi ma pensée. Mais il reste une difficulté qu'on m'a proposée : tâchez de l'éclaircir. La voici : Il y a certains cas, où le mal qui suit d'une action m'est imputé, quoiqu'il ne se trouve dans cette action qu'une liberté médiate & éloignée. Par exemple : si je mets le feu à une meule de grain, je suis l'unique auteur de cet incendie, quoique le feu soit un agent nécessaire, & qu'il n'y ait qu'une liberté médiate dans la main qui l'applique. Il en est de même de mille autres cas semblables. D'où l'on conclut qu'au cas que nous soyons trompés au sujet de l'existence de la révélation, nous ne devons pas attribuer à Dieu notre erreur ; mais qu'elle peut nous être imputée, quoique notre jugement soit nécessaire en lui-même, & seulement libre d'une liberté médiate & empruntée.

L'Abbé. Il s'ensuivroit de-là que la véracité divine ne nous ſerviroit de rien pour nous aſſurer de l'exiſtence de la révélation. J'avois deſſein de vous faire cette objection, ſi vous ne m'aviez pas prévenu. Mais je vous conjure d'y répondre vous-même. Je n'ai là-deſſus que des idées fort confuſes.

Le Docteur. Si j'ignorois invinciblement l'activité du feu ; & que, ſans pouvoir prévoir aucun fâcheux accident, je l'appliquaſſe à cette mulle, ſerois-je coupable de l'incendie ?

L'Abbé. Vous en ſeriez bien l'auteur dans un ſens phyſique ; mais on ne pourroit à juſte titre vous donner l'odieux nom d'incendiaire.

Le Docteur. Donnez la preuve de ce que vous venez de dire ; & vous ferez évanouir l'objection.

L'Abbé. C'eſt que je ne ſuis reſponſable que de ce qui m'eſt volontaire, & que rien n'eſt volontaire ſans connoiſſance : Car je ne puis vouloir ce que je ne connois nullement. Or dans ce cas vous vous ſuppoſez une ignorance invincible & de la vertu du feu & de l'incendie qu'il peut cauſer. Ce ſeroit donc une injuſtice manifeſte de vous imputer cet incendie comme à une cauſe morale & criminelle.

Le Docteur. Vous répondez fort bien. Mais que devient l'objection ? Dans le cas de la Religion, eſt-ce qu'en appliquant librement mon eſprit à étudier, à approfondir les motifs de crédibilité, je puis prévoir qu'en conſéquence je porterai un jugement faux; comme l'incendiaire prévoit que le feu qu'il applique, brûlera ſûrement la moiſſon de ſon ennemi? N'ai-je pas au contraire tout ſujet de me perſuader qu'en cherchant la vérité avec un cœur ſimple & droit, je la trouverai? Et ſi je ne la trouve pas, ſi je tombe dans l'erreur, ſera-ce de ma faute?

L'Abbé. Faites-y attention, Monſieur: ne prêtez-vous pas ici des armes à nos freres égarés? Ne nous diſent-ils pas tous les jours qu'ils cherchent la vérité avec un cœur ſimple & droit; qu'ils croient l'avoir trouvée; & que, s'ils ſont dans l'erreur, ce n'eſt pas leur faute? Je vous le demande, ſont-ils fondés à rejetter leur erreur ſur Dieu, comme vous prétendez que nous pourrions le faire, ſi notre jugement ſur l'exiſtence de la révélation étoit faux?

Le Docteur. Diſtinguons ici, s'il vous plaît, deux queſtions bien différentes. La premiere regarde les adverſaires du Chriſtianiſme en général, leſquels prétendent qu'on ne peut démontrer la divinité de la Religion: & c'eſt contre eux que nous agiſſons ici principalement. La ſeconde eſt agitée entre nous autres Catholiques, & toutes les Sectes ſéparées de l'Egliſe Romaine. Ne confondons donc pas ces deux disputes, comme si elles n'en faisoient qu'une. Pour répondre maintenant à votre difficulté, je dis que, si nos freres errans ne parlent que de la divinité de la Religion & de ses principaux mysteres, comme de la Trinité, de l'Incarnation, &c. qu'ils adoptent aussi bien que nous, ce sont les mêmes motifs de crédibilité qui leur en assûrent la révélation ; qu'il leur est aussi évident qu'à nous que ces mysteres sont révélés ; & qu'ils ont autant de droit que nous, de dire d'après Richard de Saint Victor: Seigneur, si ce que nous avons cru est une erreur, c'est vous qui nous avez trompés : *Domine*, (*a*) *si error est, à te decepti sumus*. Mais s'ils veulent se servir de ces grands motifs de crédibilité pour appuyer les dogmes particuliers qui les séparent de notre Communion, il me sera aisé de leur arracher ces armes que vous prétendez que je leur prête. En effet, il n'y a qu'un Dieu & qu'une Foi, c'est-à-dire une vraie Religion : cette Religion est donc unique & indivisible, comme son Auteur. C'est donc cette Religion unique & indivisible qu'appuient uniquement nos grands motifs de crédibilité, les Prophéties, les miracles, &c.

L'Abbé. Je vous entens, Monsieur. Vous prétendez que les motifs de crédibilité ne viennent qu'à l'appui des points révélés ; &

(a) *L. I. de Trin. c. 2.*

que tous les points révélés, qui ſont toujours les mêmes, forment cette Religion unique & indiviſible dont Dieu eſt l'Auteur.

Le Docteur. Qu'il eſt charmant de raiſonner avec gens d'eſprit! ils entendent à demi mot. Non, Monſieur, il n'y a que les points réellement révélés qui forment le corps de cette Religion appuyée par les motifs de crédibilité : d'où il ſuit évidemment que nos freres égarés ne peuvent faire venir ces motifs à l'appui de leurs opinions particulieres, à moins qu'ils ne démontrent que ces opinions ſont vraiment révélées, & qu'elles font partie de la Religion ; ſans quoi ces motifs leur échapent & ne leur ſervent de rien. Or ont-ils des preuves ſolides qui forcent leur eſprit à juger que l'Egliſe fondée ſur la pierre *eſt tombée en ruine & déſolation* ; que Luther & Calvin ont eu une Miſſion extraordinaire pour relever cette Egliſe ; que la véritable Egliſe eſt inviſible, &c. ?

L'Abbé. S'ils avoient des preuves claires & déciſives de la chûte de l'Egliſe, ils prouveroient que, malgré l'Oracle de Jeſus-Chriſt, les portes de l'Enfer ont prévalu contre cette Egliſe ; & qu'un article de Foi, qu'ils ſont obligés d'admettre avec nous, eſt abſolument faux : car en récitant le Symbole, ils font profeſſion de croire l'Egliſe Catholique ou univerſelle. Or, l'Egliſe ne peut être Catholique ou Univerſelle, ſans exiſter dans tous les temps depuis ſon établiſſement juſqu'à la conſommation des ſiécles : & par conſéquent, ſi elle étoit *tombée en ruine & déſolation*, comme porte la Confeſſion de Genêve, elle auroit ceſſé d'être dans un certain temps ; elle n'auroit plus été Catholique ou Univerſelle ; & cet article ſeroit un faux article de Foi. N'y a-t'il pas là une contradiction manifeſte, pour ne pas dire un blaſphême monſtrueux ? Et l'entendement peut-il être néceſſité à acquieſcer à des idées contradictoires ?

Le Docteur. Vous voyez donc bien, Monſieur, que je n'ai pas *prêté des armes* à nos freres égarés, en m'expliquant comme j'ai fait, touchant nos motifs de crédibilité. Sont-ce les prophéties qui leur aſſûrent que leur religion particuliere eſt vraiment divine ? S'il y a des prophéties qui les regardent, elles doivent être bien dèshonorantes pour eux : car ce ne peut être que celles de Jeſus-Chriſt & des Apôtres, qui nous ont prédit les ſcandales, les ſchiſmes & les héréſies. Oſeroient-ils produire de vrais miracles en faveur de leurs différentes opinions, de la prédeſtination abſolue, de la grace néceſſitante, de l'inutilité des bonnes œuvres pour les adultes, & du Baptême pour les enfans des fidéles, du ſang figuré dans l'Euchariſtie, &c. ? Et ſi les miracles leur manquent, qu'oppoſeroient-ils aux miracles inconteſtables de l'Egliſe Romaine ? Pour ce qui regarde l'établiſſement de leur réforme, eſt-ce l'humilité, la pauvreté, l'obéïſſance, la ſoumiſſion aux puiſſances légitimes, la charité, le zèle déſintéreſſé, l'amour des ſouffrances, des croix, des mortifications, le parfait renoncement à ſoi-même & à tous les plaiſirs des ſens, qui y ont donné naiſſance, qui l'ont établie & ſoutenu juſqu'à nos jours ? S'ils le prétendoient, ne s'expoſeroient-ils pas à la riſée & aux mépris de tous ceux qui ont la plus légere teinture de leur hiſtoire ? Quels ſont leurs Saints & leurs Apôtres dans le nouveau monde ? Que s'ils n'ont rien de tout cela, quels ſont les motifs, en vertu deſquels ils puiſſent être bien sûrs que le ſyſtême de leur religion eſt divin ou révélé ? Diront-ils avec l'Auteur de l'Anti-Machiavel, que *Dieu eſt le pere de toutes les Sectes, puiſqu'il leur a donné à toutes des armes égales ?*

L'Abbé. Cette propoſition eſt extravagante, & elle ne peut être que le fruit de l'imagination gâtée d'un Déïſte. Car les Proteſtans ne peuvent point penſer de la ſorte. Autrement il faudroit qu'ils convinſſent qu'ils n'ont aucune certitude touchant leur religion, puiſque les preuves & les motifs étant égaux entre deux partis opposés, il ne peut y avoir de part & d'autre qu'une probabilité & qu'un doute égal. Or quelle religion, quelle foi que celle qui n'est fondée que sur un doute !

Le Docteur. Votre réflexion est très-sensée & très-juste. Mais croyez-vous encore que j'ai *prêté des armes* à nos freres égarés, en disant *que j'ai tout sujet de me persuader qu'en cherchant la vérité avec un cœur simple & droit, je la trouverai*; & que, *si je ne la trouve pas, si je tombe dans l'erreur, ce ne sera pas de ma faute*? Pouvez-vous vous persuader que c'est *avec un cœur simple & droit qu'ils cherchent la vérité ?*

L'Abbé. Je n'oserois les soupçonner tous de mauvaise foi. Car enfin il se trouve dans les Provinces du Nord de simples Chrétiens, qui n'ont jamais entendu parler de controverses ; & qui croient avec simplicité, sur l'autorité de leurs Pasteurs, que leur religion est bonne.

Le Docteur. Je ne parle point ici de ces simples. C'est une question qu'il est fort inutile d'agiter pour le cas présent. Il ne s'agit que de leurs Docteurs, que des hérétiques sçavans à leur façon. Je dis, *sçavans à leur façon :* car il n'y a de vrais sçavans que ceux qui sçavent le vrai, & qui le sçavent bien. Or je vous le demande, ces Ministres peuvent-ils avoir une bonne foi, qui rende leur erreur excusable ? J'en appelle à leur conſcience. S'ils examinent avec un eſprit ſimple & droit les grands motifs qui nous attachent à l'Egliſe Romaine, pourront-ils juger prudemment qu'elle eſt une fauſſe Egliſe ; & que la leur eſt la véritable, hors de laquelle il n'y a point de ſalut ? Et ſur quoi fondés formeroient-ils un pareil jugement ? Leurs Sectes, quelles qu'elles ſoient, n'ont sûrement point l'antiquité, l'univerſalité, l'étendue, la perpétuité, la ſucceſſion non interrompue des premiers Paſteurs, qu'ils n'oſeroient diſputer à l'Egliſe Romaine : les prophéties ne leur ſont d'aucun ſecours : nul miracle ne les autoriſe : les Saints reconnus de tout l'univers n'ont jamais profeſſé leurs dogmes. Pour peu qu'ils y réfléchiſſent mûrement, ils ſentiront que, s'il y a une véritable Egliſe, ce ne peut être que celle qui a toutes ces marques caractériſtiques. Mais ſi, malgré toutes ces lumieres, ils perſiſtent à ſoutenir que c'eſt leur religion particuliere, qui eſt la véritable ; que l'Egliſe Romaine eſt *la Babylone* de l'Apocalypſe, *la Proſtituée*, *la Synagogue de Satan*, &c. ſont-ils vraiment inexcuſables s'ils ſe trompent ? Qu'en penſez-vous, Monſieur ?

L'Abbé. Je ſens maintenant la différence qu'il y a entre eux & nous. Nous avons nous autres tout ſujet de dire que, ſi la Religion qui a toutes les marques de divinité, n'est pourtant pas divine, il n'y en a aucune qui ait ce caractere ; & que, si nous nous trompons, ce n'est point notre faute. Au contraire, nos freres égarés, qui n'ont sûrement pas des motifs à être mis en paralléle avec les nôtres, ne peuvent imputer leur erreur qu'à leurs préjugés, qu'à leurs préventions, qu'à leur précipitation, & peut-être qu'à leur malignité, à leur orgueil secret, pour ne pas dire à d'autres vices dèshonorans. Non, je ne les excuserois pas de blasphême, s'ils osoient dire avec Richard de saint Victor, que c'est Dieu lui-même qui les a trompés. Me voilà pleinement satisfait sur ce grand point, qui m'avoit toujours arrêté. Maintenant, s'il vous plaît, souvenez-vous que vous avez promis de bien débrouiller la difficulté qu'on vous a objectée touchant la liberté de notre foi. Il me tarde de voir cela bien dévelopé.

Le Docteur. On s'embarrasse aisément dans ces sortes de questions, lorsqu'on ne s'en forme pas une idée claire & précise On confond les raisonnemens théologiques avec les actes de Foi : souvent même on confond ces actes avec l'habitude dont ils sont les suites. Il faut donc distinguer exactement tout cela, pour ne pas s'y méprendre.

1. Lorsque j'examine les motifs de crédibilité, que je fais attention à la souveraine véracité de Dieu, & que tout mûrement considéré,

considéré, je juge que Dieu a parlé, qu'il a révélé une Religion, &c.; ce n'est pas là un acte de Foi, mais un raisonnement dont je me sers pour m'assûrer que ma foi est souverainement prudente. Ainsi je ne suis gueres intéressé à trouver là de la liberté.

2. La Foi habituelle, ou l'habitude de la Foi est aussi bien distinguée des actes de Foi, dont il s'agit dans l'objection. En effet, les enfans ne reçoivent-ils pas le Baptême, la Foi habituelle, sans que pendant toute l'enfance ils puissent faire un seul acte de Foi? & cette habitude est-elle plus libre que le Baptême même qu'ils reçoivent sans le sçavoir?

3. L'acte de Foi, qui doit être libre & méritoire, est la croyance actuelle, que je donne à la parole de Dieu. Cet acte n'est point un jugement nécessaire : c'est une soumission volontaire à l'autorité de ce Dieu infiniment vrai : soumission que je réïtere autant que je veux, & comme je le veux, soit de cœur, soit de bouche : soumission d'autant plus agréable à Dieu, qu'il faut une volonté bien déterminée à respecter sa souveraine véracité, pour lui protester souvent & de cœur qu'on croit tous les Mysteres, malgré leur incompréhensibilité. En effet, nous nous trouvons arrêtés à chaque moment : il nous vient mille doutes involontaires au

ſujet de ces Myſteres, où notre foible Raiſon ſe perd. Mais mépriſer, rejetter, vaincre ces doutes par reſpect pour l'autorité de Dieu, n'eſt-ce pas un ſacrifice libre que nous lui offrons, chaque fois que nous réïtérons nos actes de Foi? Il eſt donc évident que ces actes ſont parfaitement libres.

L'Abbé. Je conviens que ces actes particuliers dépendent de notre liberté. Il eſt en mon pouvoir de dire ou de ne dire pas : *Mon Dieu, je crois tout ce que vous avez révélé, parce que vous êtes la vérité même.* Et je trouve dans cet acte, la Foi qu'on ajoute à la parole de Dieu, le reſpect pour ſon autorité, & une parfaite liberté. Voilà donc l'objection réduite en poudre.

Le Docteur. Je vous l'ai déja dit : c'eſt qu'on n'a pas aſſez diſtingué les raiſonnemens évidens qui regardent l'exiſtence de la révélation, & les actes de Foi par leſquels je me ſoumets à la révélation. Les raiſonnemens évidens forcent notre entendement à juger que Dieu a parlé : & par ces actes particuliers & libres, nous ajoutons foi à la parole de Dieu ſuffiſamment connue. Ainſi dans mon acte de Foi je ne raiſonne pas; je me ſoumets, & je dis ſimplement, *Je crois ce que Dieu a révélé.* Mais quand je veux rendre raiſon de la certitude souveraine de mon acte de Foi, je remonte plus haut, & je me rappelle tous mes grands motifs, pour me convaincre que Dieu a réellement parlé; & que, quand il parle, tout ce qu'il dit est vrai, quelque incompréhensible qu'il soit.

L'Abbé. Je ne vous en demande pas davantage, Monsieur. Il est évident que tous nos actes de Foi sont libres, quoique je sois nécessité antérieurement à juger que la Révélation existe. Autre chose est de croire simplement; autre chose est d'être sûr que ce que l'on croit, est vrai. L'un est un hommage volontaire que l'on rend à l'autorité infaillible de Dieu : l'autre est le fruit des réflexions, des méditations, des raisonnemens, que l'on fait sur tous les motifs de crédibilité & sur les démonstrations de la lumiere naturelle, qui, selon S. Thomas, sont comme des préliminaires pour les articles de Foi; *præambula ad articulos.*

Le Docteur. A présent que nous avons écarté tout ce qui pouvoit nous arrêter, vous conviendrez aisément que comme, en vertu de la véracité infinie de Dieu appliquée aux impressions vives & constantes que nous éprouvons, nous sommes souverainement sûrs de l'existence des Etres sensibles, quoique nous n'en connoissions pas l'essence; de même, en vertu de cette véracité appliquée aux motifs de crédibilité bien connus, nous sommes souverainement sûrs de l'existence de la Révélation, ou qu'il y a des Mysteres réellement révélés, quoiqu'il nous soit impossible de les comprendre. Voilà donc l'usage & les bornes de notre Raison en matiere de Religion. L'usage, en ce que notre intelligence, en examinant librement les motifs de crédibilité, peut & doit nous assûrer que Dieu a révélé bien des Mysteres aux hommes: les bornes, en ce que notre intelligence une fois bien convaincue que Dieu a parlé, doit se soumettre sans réserve à son autorité, quelques incompréhensibles que soient les Mysteres qu'il plaît à Dieu de lui révéler.

L'Abbé. Me voilà satisfait. Et quand un Déïste ou un Protestant viendra me dire, Je ne puis croire qu'un tel dogme soit révélé, parce qu'il est contraire à la Raison, ou du moins absolument incompréhensible; je lui répondrai premiérement: Quelle est donc cette Raison, à laquelle vous prétendez que soient contraires, par exemple, les Mysteres de la Trinité, de l'Incarnation, de l'Eucharistie, &c.? Quelque parti qu'il prenne, j'ai ma réplique toute prête dans notre premier Entretien.

Je lui répondrai en second lieu, que la nature intime des Etres sensibles lui est aussi cachée que celle des Mysteres ; & que cependant il ne peut, sans se dèshonorer, révoquer en doute l'existence de ces Etres. Je lui répondrai en troisiéme lieu, que l'incompréhensibilité même de ces Mysteres est un motif de crédibilité, c'est-à-dire, une bonne raison de croire qu'ils sont révélés par une intelligence supérieure ; puisqu'étant infiniment au-dessus de la portée de toute intelligence créée, il seroit impossible que nous en eussions jamais la moindre connoissance, s'ils ne nous avoient été révélés.

Enfin je leur répondrai à tous, que des Mysteres, qui sont au-dessus de la Raison, ne peuvent jamais être ni attaqués, ni défendus par les seules lumieres de la Raison ; & qu'il est souverainement ridicule de raisonner ainsi : Il m'est impossible de comprendre ce Mystere : donc il n'est pas vrai. N'est-ce pas comme si je disois : Il m'est impossible de concevoir comment vos idées se communiquent à mon esprit par certaines modifications que votre langue communique à l'air : donc vos idées ne me sont pas communiquées par ce moyen ?

Le Docteur. Vous voilà bien en état d'imposer silence à tous les Petits-Maîtres, soit Déïstes, soit Sectaires. Et vous pouvez paroître tête levée dans ces Assemblées où l'on dèshonore si souvent la Raison, que l'on veut faire valoir mal à propos, sans la connoître.

L'Abbé. Deux ou trois questions bien simples me suffiront pour déconcerter nos prétendus Beaux-esprits. Je vous sçais gré de m'avoir instruit de la sorte : & vous pouvez compter que désormais je sçaurai faire un meilleur usage que je n'ai fait de ma Raison particuliere.

Le Docteur. Je m'en rapporte bien à vous, Monsieur : & j'espere que vous voudrez bien me faire part des petites scènes que vous ne manquerez pas d'avoir dans ces cercles, où votre qualité & vos emplois vous donnent entrée.

L'Abbé. J'aurai l'honneur de vous voir aussi souvent que vous me le permettrez.

FIN.

ADDITION.

L'AUTEUR des Lettres Chinoises, *trop connu dans le monde pour en imposer aux Lecteurs équitables & sensés, a inséré dans deux de ses Lettres des traits fort injurieux à l'Auteur de* BAYLE EN PETIT. *Celui-ci a cru devoir lui répondre par deux Lettres, qui ont été imprimées dans la Bibliothéque Françoise & dans la Clef de Verdun. Mais comme tout le monde ne lit pas ces Ouvrages périodiques, on croit que le Public trouvera bon que ces Lettres paroissent ici. On y verra jusqu'où va la hardiesse du Marquis d'***, & avec quelle modération on a répondu à ses extravagantes saillies.*

EXTRAIT DES *LETTRES CHINOISES*, CONTRE *BAYLE EN PETIT.*

LETTRE LV.

» LEs Compagnons de nos amis les Mis-
» sionnaires donnent de temps en temps
» quelques bons Livres au Public : mais ils
» en publient aussi une grande quantité, qui
» ne sont faits que pour dire des injures aux
» gens qu'ils n'aiment point. Un fanatique
» de leur Société vient de mettre au jour
» un Libéle (*a*) diffamatoire, sans esprit,
» sans érudition, rempli de mensonges, de
» calomnies grossieres contre le vertueux &
» respectable Auteur de ce Dictionnaire
» Historique & Critique, que tu as lu avec
» tant de plaisir & d'admiration. Ce grand
» Homme a été attaqué, après sa mort, de
» la maniere la plus indécente par quelques
» Ecrivains de la derniere classe. «

(a) *Bayle en petit.*

LETTRE

LETTRE LVIII.

PUiſque Monſieur, dis-je au Libraire, ne «
me conſeille point d'acheter ce Livre, «
voyons-en donc quelqu'autre. En voici, «
me dit-il, un tout nouveau. Il eſt intitulé, «
Bayle en petit, ou *Anatomie de ſes Ouvrages*. «
Ha ! donnez-moi, m'écriai-je, ce char- «
mant Ouvrage : ſans marchander, je vais «
le payer tout ce que vous voudrez. Quoi ! «
l'on a raſſemblé dans un ſeul volume tout «
ce qu'il y a de plus vif, de plus ingénieux, «
de plus ſpirituel dans les Ouvrages de «
Bayle ? Quel eſt le ſage François qui a «
rendu ce ſervice à ſes Compatriotes ? «
Pendant que je tenois ce diſcours, l'hom- «
me vêtu de noir me regardoit, en ſouriant «
d'un air moqueur. Ce Livre, me dit-il, «
que vous offrez de payer ſi cher, eſt un «
Libéle diffamatoire écrit contre le grand «
Homme que vous paroiſſez eſtimer ſi fort. «
Un Jéſuite, auſſi ignorant que fanatique, «
appellé le Pere LE FEVRE, en eſt l'Au- «
teur. Il eſt impoſſible de pouvoir ramaſſer «
dans un ſeul volume autant de calomnies, «
d'impoſtures, de puérilités, de mauvais «
raiſonnemens, de platitudes, de ſottiſes, «
qu'en a fourré dans ſon Ouvrage ce petit «
avorton théologique. Tout cela, au reſte, «
eſt aſſaiſonné d'une doſe de mauvaiſe foi. «

» Les paſſages rapportés ſont ou tronqués, » ou défigurés par des abbréviations, qui » réellement les rendroient ridicules, ſi l'on » ne ſçavoit point comme ils ſont dans les » originaux ; mais qui ne ſervent qu'à cou- » vrir de honte & de confuſion l'ignorant » impoſteur, qui, pour avoir le moyen d'in- » jurier un des plus grands génies de l'Uni- » vers, ne trouve d'autre moyen que de fal- » ſifier ſes Ecrits. Au reſte, il n'eſt pas per- » mis d'écrire auſſi fadement, auſſi payſam- » ment que le petit Jéſuite. Un Livre pareil » au ſien, eſt la honte d'un Etat qui en ſouffre » le débit. Auſſi quelque crédit qu'ait la So- » ciété, le Pere LE FEVRE n'a point oſé de- » mander un Privilége pour ſon ouvrage. Il » eſt imprimé comme tous les Libéles diffa- » matoires, ſans le nom d'aucun Libraire.

» Hé ! pourquoi, demandai-je à celui qui » venoit de m'inſtruire d'un fait qui me pa- » roiſſoit ſi extraordinaire, puiſque vous » connoiſſez en France l'Auteur d'un pareil » Ouvrage, ne le puniſſez-vous pas ſévére- » ment? Eſt-ce parce qu'il eſt Théologien? Si » un Bonſe à Peckin s'aviſoit de vouloir flé- » trir quelque illuſtre Lettré, & avoit l'ame » aſſez baſſe pour injurier groſſiérement un » Philoſophe reſpectable, que la mort auroit » privé du droit de ſe défendre & de repouſ- » ſer les outrages qu'on fait à ſa mémoire, un » châtiment ſévere ſeroit la récompenſe de l'insolente audace du Bonse. Quelle idée « peut-on avoir d'une Nation qui ne pu- « nit que les fautes des Laïques ? Les Chi- « nois ne se contentent pas de châtier un « Bonse lorsqu'il a commis un crime ; ils « punissent aussi ses Supérieurs, pour n'a- « voir pas empêché qu'il le fit. Il seroit assez « à propos que, suivant la coutume de « Peckin, le Recteur & le Sous-Recteur des « Jésuites eussent deux ou trois cens coups « de fouet dans la Cour de leur Collége, « pour avoir permis qu'on publiât un Li- « béle diffamatoire. En pareil cas, à la Chi- « ne, on fustigeroit tout le Couvent, fût-il « composé de deux mille Bonses. « &c.

PREMIERE LETTRE *de l'Auteur de Bayle en petit, à l'Auteur des Lettres Chinoises, imprimée dans la Bibliothéque Françoise en Hollande, & dans la Clef du Cabinet de Verdun. Mai* 1741.

J'AI lu avec d'autant plus de plaisir, Monsieur, votre nouvel Ouvrage, que j'y entre pour quelque chose, & d'une maniere qui me fait beaucoup d'honneur. Je dois vous sçavoir gré de ce que vous me dénigrez dans la même Lettre, où vous traitez d'*ordures* les Ouvrages d'hommes reſpectables par leur ſçavoir & leur vertu.

Il m'eſt glorieux d'être dèshonoré en ſi belle compagnie, ſur tout par un homme qui ne prodigue ſon encens qu'aux Bayle, qu'aux Fra-Paolo, &c. Je n'ai donc garde de me plaindre des injures groſſieres dont vous me régalez dans vos Lettres LV & LVIII. Je me regarderai, puiſque vous le voulez, comme un *Ecrivain de la derniere claſſe*, comme un Auteur *ſans eſprit & ſans érudition*, comme un *ignorant*, un *petit avorton théologique*, &c. Je croirai même, toujours en vertu de votre déciſion magiſtrale, que mon petit volume eſt rempli de *puérilités*, de *platitudes*, de *ſottiſes*, & qu'il eſt écrit *fadement & payſamment.* Le ſentiment des plus habiles gens de Paris, qui penſent autrement que vous de mon Ouvrage, ne peut balancer dans mon eſprit l'arrêt que vous venez de rendre. Je le reſpecte, comme étant émané du Tribunal ſouverain & infaillible que vous-même avez érigé, en vous établiſſant Régent du Parnaſſe & Cenſeur univerſel des Ouvrages d'eſprit. Mais je ne puis diſſimuler l'accuſation grave & injuſte que vous m'intentez ſur l'eſſentiel de ma Critique. Vous aſſûrez d'un ton déciſif que tout y *eſt aſſaiſonné d'une doſe de mauvaiſe foi:* que *les paſſages rapportés ſont ou tronqués, ou défigurés par des abbréviations, qui réellement les rendroient ridicules, si l'on ne sçavoit point comme ils sont dans les originaux ; mais qui ne servent qu'à couvrir de honte & de confusion l'ignorant imposteur, qui, pour avoir le moyen d'injurier un des plus grands génies de l'univers, ne trouve d'autre moyen que de falsifier ses Ecrits.* Ce sont vos termes, Monsieur : je ne les *défigure* pas. Ils sont trop bien compassés pour y toucher. Ce *moyen* répété deux fois dans la même phrase, n'est sûrement pas du style *paysan* ; & il faut avoir tout votre esprit pour trouver précisément du *ridicule* dans les passages du *vertueux* Bayle, tels que je les ai rapportés. Mais ce n'est pas de quoi il s'agit ici. Je pourrai y revenir plus tard. Présentement il est question de la falsification des Ecrits de Bayle. Vous prétendez que je les ai altérés : vous le dites avec une hardiesse capable d'en imposer aux Lecteurs qui ne vous connoissent pas. Mais vous n'articulez rien : cela seul devroit rendre votre accusation suspecte. Si vous aviez réellement quelques falsifications bien marquées à alléguer, que ne le faisiez-vous, pour me *courrir de honte & de confusion* ? Mais la honte & la confusion devra être votre partage, si vous ne répondez pas au défi que je vous donne aujourd'hui publiquement. Oui, Monsieur, pardonnez-moi cette liberté, j'ose vous défier de montrer dans ma Critique de Bayle un seul texte, où j'aye le moins du monde altéré le vrai sens de votre Maître. Si vous acceptez ce défi, & que vous réüssissiez à me convaincre clairement d'avoir falsifié les Ecrits de l'Apôtre du Déïsme, je serai le premier à vous louer de m'avoir prodigué les titres de *menteur*, de *calomniateur*, d'*imposteur*, &c. Mais si vous gardez le silence, ou que vous ne répondiez que par ces déclamations vagues qui paroissent être de votre goût, le Public judicieux vous rendra sans doute les beaux titres que vous me prêtez. J'attens de votre zèle pour Bayle & pour ses impiétés, une réponse digne du Maître & du Disciple. Si je l'attens en vain, & que vous vous taisiez, j'aurai soin de faire servir votre silence à la gloire de la Religion & de la Vérité, bien plus qu'à ma justification personnelle, qui ne doit guéres m'intéresser. J'ai l'honneur d'être, avec les sentimens qui vous sont dûs, &c.

SECONDE LETTRE *de l'Auteur de Bayle en petit, à l'Auteur des Lettres Chinoises, imprimée dans la Clef du Cabinet de Verdun. Septembre 1742.*

IL y a plus d'un an, Monsieur, que vous devez avoir vu la premiere Lettre que

J'ai eu l'honneur de vous écrire. Elle a été imprimée en Hollande dans la Bibliothéque Françoise, & en France dans la Clef du Cabinet, Mai 1741. Peut-être regardez-vous ces Ouvrages périodiques comme peu dignes de votre attention : mais il y a sans doute de vos amis qui les lisent, & qui n'auront pas manqué de vous parler du défi que j'ai pris la liberté de vous présenter. Quelle raison peut vous engager à n'y répondre pas ? Je ne puis m'imaginer que le loisir vous manque. Malgré les nombreux Ouvrages dont vous enrichissez la République des Lettres, vous trouvez du temps de reste pour bien des bagatelles, pour des Harangues aux Frey-Maçons, & pour d'autres amusemens dignes de vous. D'ailleurs, vous écrivez si aisément & si légérement, qu'il ne vous faudroit pas un jour pour me *couvrir de honte & de confusion*, si vous vouliez vous en donner la peine. Votre silence seroit-il l'effet du mépris que vous faites d'un homme que vous n'avez que trop connu autrefois ? Mais suis-je plus méprisable que je ne l'étois avant que vous m'attaquassiez si brusquement dans vos Lettres Chinoises ? Si vous ne m'avez pas cru alors tout-à-fait indigne de votre colere, pourquoi me jugeriez-vous maintenant peu digne d'une réponse ? J'ai donc tout sujet de croire que vous ne vous taisez, que parce que vous n'êtes point en état de ſoutenir l'accuſation que vous m'avez intentée au Tribunal du Public.

Vous avez avancé que j'ai falſifié les Ecrits de Bayle : que les textes *rapportés* dans ma Critique *ſont* (a) *ou tronqués, ou défigurés par des abbréviations, qui réellement les rendroient ridicules, ſi l'on ne ſçavoit point comme ils ſont dans les originaux ; mais qui ne ſervent qu'à couvrir de honte & de confuſion l'ignorant impoſteur, qui, pour avoir le moyen d'injurier un des plus grands génies de l'Univers, ne trouve d'autre moyen que de falſifier ſes Ecrits.* Sans m'arrêter à démontrer le peu de juſteſſe qu'il y a dans ces expreſſions ampoullées, je me ſuis contenté de vous défier d'articuler un ſeul texte où j'euſſe le moins du monde altéré le vrai ſens de Bayle. J'ai ajouté que, ſi vous vous taiſiez, le Public ſçauroit nous rendre juſtice à tous les deux, & que j'aurois ſoin de faire ſervir votre ſilence à la gloire de la Religion & de la Vérité. Je vous tiens parole, Monſieur ; & je m'y crois d'autant plus obligé, que je ſçais qu'une infinité de petits-Maîtres font ſemblant de croire d'après vous que ma Critique de Bayle eſt un tiſſu de calomnies & d'injures groſſieres contre ce *grand génie*, dont la mémoire vous eſt ſi chere. Pour les confondre, ces admirateurs de vos édifian-

(a) *Lettre LVIII.*

tes Lettres, je n'ai qu'à leur apprendre que vous n'avez pas jugé à propos d'accepter le défi que je vous ai donné ; que vous demeurez muet, & que vous n'osez même hazarder la moindre ébauche d'apologie pour vous laver du juste reproche que je vous ai fait de m'avoir calomnié. C'est ce que je leur apprens aujourd'hui, en vous parlant par la même voie que je vous ai parlé la premiere fois. Ils apprendront donc que votre longue & injurieuse déclamation contre *Bayle en petit*, n'est qu'une Fanfaronnade que vous n'oseriez soutenir ; & que par conséquent, l'Auteur du *Dictionnaire Historique & Romanesque, Critique & Anti-Chrétien*, demeure chargé de toutes les accusations que j'ai cru devoir lui intenter. Oui, Monsieur, votre silence opiniâtre prouve aussi clairement que ma petite Critique, que *l'illustre M. Bayle* est un Auteur Cynique & Pyrrhonien, un Protestant sans Religion, un Ecrivain infidéle, un Logicien peu juste dans tous ses raisonnemens contre l'Eglise : & mes preuves sur tous ces chefs demeureront en entier, à moins que vous ne les attaquiez autrement que par des invectives, que les gens d'honneur ne se pardonnent pas. Mais je ne crains pas que vous vous avisiez de les attaquer d'une autre façon.

Que je vous plains, Monsieur, si vous êtes celui que j'ai vu à Douai chez le Chevalier de C ***! Le Public l'aſſûre, & je n'oſe m'inſcrire en faux contre le Public. Mais que vous êtes changé, au moins en apparence, depuis ce temps là ! Alors vous me paroiſſiez plein des ſentimens d'honneur & de Religion que vous aviez puiſés dans le ſein d'une famille auſſi noble que Chrétienne ; & maintenant après avoir quitté le Service & votre Patrie, vous vous livrez à je ne ſçais quel eſprit qui vous engage à écrire comme Bayle, quoique d'une maniere moins dangereuſe pour des Lecteurs de bon goût. Je n'oſe me flater que cette ſeconde Lettre ſera honorée d'une réponſe de votre part. Mais j'ai fait en partie ce que je vous ai promis : & je réſerve à un autre temps l'examen de vos rapſodies. Je prie cependant le Pere des Lumieres qu'il daigne vous déſiller les yeux, & vous ramener au point où vouloit vous conduire ce Magiſtrat reſpectable qui vous a donné le jour. J'ai l'honneur, &c.

FIN.

APPROBATION.

J'Ai lu, par l'ordre de Monſeigneur le Chancelier, un Manuſcrit qui a pour titre, *Entretiens ſur la Raiſon*, &c. Je n'y ai rien remarqué de contraire à la Foi ni aux bonnes mœurs. A Paris, ce vingtiéme Mai 1746. *Signé*, COTTEREL, Docteur de la Maiſon & Société de Sorbonne, Curé de S. Laurent.

www.ingramcontent.com/pod-product-compliance
Lightning Source LLC
LaVergne TN
LVHW020024170826
845678LV00001B/108